聖心会シスター
鈴木秀子

日本人の希望

江原啓之

講談社

日本人の希望

江原さんに伺いたいことがたくさんあります。
コロナ後のこれからを生きるために何が必要なのか、
どう生きていくべきなのか。

聖心会
シスター
鈴木秀子

何をどう受け止め、どう改善していかなくてはいけないのか。
このことについてシスターと語り合いたいと思います。

江原啓之

写真：大河内　禎

はじめに　この対談は偶然ではありません

江原　新型コロナウイルスの影響で、私たちの生活はすっかり変わりました。このタイミングでシスターと対談をさせていただけるのは非常に意味のあることだと思っています。私が常々言っていることですが、この世に偶然はありません。

鈴木　私も江原さんと対談する機会をいただいたことに感謝しています。それに「ああそうか、こういうことだったのか」という気がしているのです。もともとは2019年の暮れに対談をする予定でした。それがさまざまな都合から一度ならず二度までも延期になって。

江原　そうでしたね。年明けに仕切り直しましょうと話していたところ、1月の初旬に「中国の武漢で原因不明のウイルス性肺炎が流行している」と報道があり、今にして思えば、あれが新型コロナウイルスに関する第一報でした。

鈴木　あの時はまだ対岸の火事を眺めるような感覚でしたね。

江原　ところが2月に入ってすぐに横浜市の大黒ふ頭沖に停泊している大型クルーズ船ダイヤモンド・プリンセスの船内で集団感染が発生していると報じられ、日本でも一気に緊張感が高まりました。

鈴木　あれよあれよという間に「パンデミック」「首都封鎖」「オーバーシュート」「医療崩壊」といった聞き慣れない言葉が拡散され、日本でも緊急事態宣言が発令されて……。その頃から私は、江原さんとの対談本は不安を抱えた人たちにメッセージを伝えることが使命なのだろう、ならば自《おの》ずと絶妙なタイミングで出版することになるだろうと思っていました。

江原　今、シスターのお話の中に「医療崩壊」という言葉が出てきました。同時に「経済破綻」という言葉も巷《ちまた》で連呼されています。この二つこそ、霊界から伝えられた今年のキーワード。私は毎年暮れに講演会や雑誌の記事を通して翌年のメッセージを伝えているのですが、２０２０年は「破綻と崩壊の年」でした。

鈴木　それはそれは。

江原　ネットなどでは江原の予言が当たったと言われているようですが、私は当たらなければよかったのにと思っています。いずれにせよ、予言が当たったなどというのは取るに足らないことです。運命は努力次第で変えることができる。これがスピリチュアリズムの見解です。そこでここ何年か「このまま物質的価値観に塗《まみ》れた暮らしを続けていたら大変なことが起こりますよ」と警鐘を鳴らしてきました。「自然界は我慢の限界を迎えています」「私たち、一人ひとりが真の豊かさに目覚め、生き方を改めなくては取り返しのつかない事態を招くことになりかねません」と。

鈴木　とても大切なことを説いておられたのですね。とはいえ新型コロナウイルスに端を発する私たちの試練は、罰《ばち》が当たったのではありません。気づきを促されていると私は思うのです。

江原　確かに罰ではないと正しく理解することが大切ですね。すべては学びです。では何をどう受け止め、どう改善していかなくてはいけないのか。このことについてシスターと語り合いたいと思います。

鈴木　私も江原さんに伺いたいことがたくさんあります。コロナ後のこれからを生きるために何が必要なのか、どう生きていくべきなのか。できる限り具体的に話し合いたいですね。

江原　今、多くの方が不安や不信といったネガティブな感情を抱えていると思います。でも本書を読み終えた時には安心感に満たされているような、読めばたましいに力がみなぎる対談本にしたいと思うのですが、いかがでしょうか？

鈴木　素晴らしいですね。それではさっそく始めましょうか。

『日本人の希望』目次

第一章　幸せって何だろう？

第二章　「聖なるあきらめ」を手に入れる

第三章　他者を赦《ゆる》して、自分を赦《ゆる》す

第四章　苦難だらけの世の中を生き抜くために

第五章　幸せになるのが下手な日本人

第六章

老いること、死ぬことにどう向き合うか

第七章　人は傷つきながら成長する

第一章　幸せって何だろう？

「何を幸せと思うか」は一人ひとり違う

江原　たましいに力がみなぎる本にしたいとお伝えしました。なぜかといえば、私の中には、これから自殺者が増えるだろうという危惧があるのです。

鈴木　ええ。コロナウイルスの影響で職を失ったり、経営者であれば会社や店を維持していくのが難しいといった問題に直面し、苦悩している人が大勢いるでしょうから。自殺しようという発想には至らなくても、「もうダメだ」と打ちひしがれ、立ち上がる気力もないという人が後を絶たないだろうと予想できます。そうした方に向けて、江原さんはどんなアドバイスをするのですか？

江原　人が苦しみから脱却するためには「幸せを実感すること」が必要だと思います。

鈴木　とてもシンプルですね。苦悩から逃れるためには物事をシンプルに捉《とら》えるのが一番だと私も思います。

江原　ところが話はそう簡単ではありません。なぜかといえば、多くの人が自分なりの幸せの定義を持っていないからです。私がカウンセリングを通してたくさんの方と向き合った経験で言えば、「自分にとっての幸せって何だろう？」と考えたことさえないという人がほとんどでした。それが、不幸だと嘆く人の共通項、あるいは特徴だと言い換えることもできるでしょう。多くの人が闇雲に他人と自分を比べて「あの人に比べて自分は不幸だ」とか「あの人よりは自分は幸せだ」などと一喜一憂しているだけ。それでは幸せを実感することはできません。

鈴木　本来、幸せ感というのは一人ひとり違いますから。「何が自分にとっての幸せか」と考えることが、幸せへの第一歩なんです。世間体の良い人生が幸せだとも限りません。真の幸せとは、人にどう思われようと本当に自分の心が満たされること。好き勝手なことをしていいのではなく、自分にふさわしい生き方をみつけることが大切だとお伝えしたいです。

自分なりの幸せのみつけ方

江原　具体的にはどうすれば「自分にとっての幸せ」をみつけることができるとお考えですか？

鈴木　まずは「自分が幸せを実感したのはどういう時だったかな？」と考えてみることです。どんなに小さなことであっても、どんなに昔のことであっても構いません。ただし、誰といたのかとか、何をしていたのかとか、どんな会話があったのかなど、その時の状態を詳しく思い返してみる必要があります。さらに、幸せだと思えた時に、自分がどういう感情を味わっていたのだろうかと分析してみることが重要です。

江原　自分が本当に望んでいる状態はどういうものか、探るということですね？

鈴木　そうです。だってそれがわからないから迷路にハマってしまうのですよ。本来、私たち人間は、自分を飾らなくてもよい人と過ごすリラックスした時間や心の交流の中に安らぎを感じます。もちろん食べて暮らしていかなければいけませんので、そのための仕事があるのも大切。愛する人のために働き、達成感を得ることに充実感を覚える人も多いことでしょう。つまり調和のとれた人生に幸せを感じるのです。

江原　はい。

鈴木　それなのに世間体を優先するから「お金がたくさんあったら幸せだ」とか、「誰かが認めてくれたら幸せだ」などと自分らしくない生き方を選択してしまう。しかも目的を達成するためには誰かを苦しめてもいいなどと、手段を選ばず躍起《やっき》になって取り組むのです。それでは心が疲弊してしまうのも無理はありません。

思い通りの人生など存在しない

江原　私たちは自分の望み通りに生きていくことを幸せだと思ってしまいがちですが、その望みが身の丈に合わないものだと、却《かえ》って試練の元になりかねません。かつての相談者の中には仕事や恋愛、結婚を通して「なぜ私は幸せになれないのでしょうか？」と訴える方が少なくありませんでしたが、自分にふさわしくない幸せを追いかけているケースが目立ちました。

鈴木　そもそも自分の思い通りになる人生なんて存在しないのです。いっときは自分の思うようになったとしても、その状態が永遠に続くことはありません。お金持ちと結婚したいと望んでいた女性がいたとして、その夢が実現しても、長い結婚生活のうちには夫が事業に失敗して財を失うことがあるかもしれない。夫の心が離れてしまうかもしれない。「病気」というお金では解決できない試練を与えられてしまうことだって考えられるわけです。

江原　私も常々、儘《まま》ならないのが人生であり、一難去ってまた一難の繰り返しの中でたましいを磨いていくのが私たちの使命、すなわち生まれて来た理由だと説いています。ですから、本当の幸せとは何も恐れることのないこと。経験と感動をするのが人生だと理解していれば心丈夫です。思い通りになるのが当たり前という発想から、思い通りになるのは奇跡という発想に切り替えるだけで人生は輝きを得ます。

本当の幸せとは何も恐れることのないこと。
経験と感動をするのが人生だと
理解していれば心丈夫です。

鈴木　真理ですね。生きていること自体が奇跡です。親と反《そ》りが合わないだとか、パートナーと価値観が違うだとか、子どもが勉強をしないとか、人の不平不満は尽きません。「もっと幸せになりたい」と望んでしまうわけですが、家族がみんな元気で今日も一日を終えることができるだけでも凄いことで、本当はもう十分に幸せなんです。このことに気づけば感謝の気持ちに満たされます。

江原　幸せとは、感謝の心を抱くことなんですよね。

悩みの大半は実は些末《さまつ》なこと

鈴木　いろいろなことがあるけれど今日も生きている、もっと言えば生かされていることに感謝しよう、と気づけた人から幸せになれると言ってよいと思います。

私、コロナはビックリ水のようなものだと思うんですよ。地球規模の大ピンチを目《ま》の当たりにしたら、自分の個人的な悩みなど一気に吹き飛んでしまうではありませんか。

恋人と喧嘩して悲しいとか、出世のタイミングを逃して悔しいとか、子どもが有名私立校に入れなかったとか……。

もちろん誰しも真剣に悩んでいるのは理解できます。ですがこう言っては失礼ですが、人が抱く悩みの大半は些末なことです。

江原　言いづらいことをハッキリとおっしゃる（笑）。でも正直なところ、私が個人カウンセリングを止《や》めたのもそれが理由でした。たとえばの話、「どうして私は誰からも愛されないのでしょうか？」という恋愛相談を山ほど受けましたが、答えは簡単。類は友を呼ぶという意味の「波長の法則」によるものです。つまり「愛されないような生き方をしているからでしょう」ということになります。

鈴木　そのことを相談者に伝えるのですね？

江原　言い方は考えますが、「自分の恋愛癖を改善しなければ誰と知り合っても同じことになりますよ」と諭《さと》します。でも被害妄想の鬼になっている人は聞く耳を持ちません。「説教を聞きにきたのではない」と怒り出す人もいて、「カウンセリング料はいりませんのでお引き取りください」とお伝えしたこともありました。

鈴木　江原さんも苦労しておられるんですねぇ。悩める人の多くが「なぜ自分だけがこんな嫌な思いをするのか」と被害妄想に陥《おちい》っています。
　でも考えてみれば、コロナによる試練を免れる人はいないのですね。どんなに経済的に富んだ人であっても、地位の高い人であっても、どこの国に暮らしていても、男性であろうと女性であろうと、老いも若きも、学歴や美醜を問わず、ビックリ水を浴びることとなったのですから。

100パーセント良いことも100パーセント悪いこともない

江原　新型コロナウイルスを通して、儚ならない人生を痛感した方も多いのではないでしょうか。
鈴木　おそらく世界中の人が「この世は何が起こるかわからない」と思い知ったことでしょう。予定されていたすべての計画が流れてしまった、それればかりか命の危機に晒《さら》されてしまうなんて、コロナ以前には誰も予想していなかったことです。

江原　自然界からのメッセージは、これまでも大災害などを通して幾度となく降りてきていましたが、今回は世界規模。シスターがおっしゃるように対岸の火事を眺めるようにしていられた人は一人もいません。このことに大きな意味があると私は思うのです。

鈴木　と言いますと？

江原　新型コロナウイルスに感染して命を落とされた方や、苦しい闘病生活を強いられた方がおられますので、不謹慎だと批判されてしまうかもしれませんが……。誤解を恐れずに言うなら、人類にとって大きな学びの機会を得たと捉えることができるでしょう。「自分だけではない」と思うことが忍耐力へとつながっているわけで、これも一つの学びですね。

鈴木　それもそうですし、他者の気持ちがわかるからこそ、「あの人は大丈夫だろうか？」とか「あの国の人はさぞかし大変な思いをしているだろう」と想像できるのです。そうして何か自分にできることはないかと考えるのは人としての進化。他者への想像力が現代人に最も欠けていた部分なのではないでしょうか。

江原　現代人を称して「今だけ、金だけ、自分だけ」と言った大学教授がいるとかで、上手いことを言うなと感嘆してしまいましたけれど。

鈴木　物事は何だって100パーセント良いことも100パーセント悪いこともないのです。もちろんコロナウイルスなんかないほうが良かったのですけれど、コロナがなければ経験できなかったことがあるのも事実。私が自粛生活の中で連絡を取り合っていた人は、「街中で誰もがマスクをしている様子を見て、これまでになかった連帯感が生まれていると思います」と話していました。

江原　ほー。連帯感、ですか。

鈴木　「ソーシャルディスタンスを習慣化するなど、かつてこんなに他者に気を遣《つか》うことはなかった」って。特に日本人は国から要請されただけでステイホームに徹しましたよね。もしかしたら自分は感染しているかもしれない、人にうつしては大変だという思いやりの心で外出を控えた人が多かった。コロナによって日本人の優しさや真面目さといった長所を再確認することができたように思います。

「コロナのせいで」と「コロナのおかげで」

江原　たくさんの命を奪ったコロナは憎いと思う一方で、悪いことばかりではなかったと私も思います。こんなにゆっくりと休めたのは30年ぶりのことでした。御多分に漏れず年内に予定されていたオペラ公演や講演のほとんどが中止となり、当初は愕然としましたが、緊急事態だから仕方がないと腹を括《くく》ってからは気持ちが楽になりました。シスターはどんな風に過ごされましたか？

鈴木　私も全国15ヵ所で講演が決まっていましたが、すべて流れました。すると東京から15ヵ所へ移動する時間と講演時間がすべて自分のものになったわけです。ゆっくりとお祈りをしたり、いつか読もうと積んでおいた本を読んだりと充実した日々を過ごしました。

江原　そうでしたか。

物事は何だって100パーセント良いことも
100パーセント悪いこともないのです。

鈴木　自分一人の世界にひたれて楽しかったですね。死ぬ前ってこういう時間を過ごすんだろうなと思ったりもして。死ぬ前は弱って外に出られなくなるんですよね。それで「ああ、これは死ぬ前の年月への心の準備期間を与えられたのだな」と。以前は外に出られなくなり、誰もお見舞いにも来てくれなくなり、誰とも話すことがなくなったら寂しいだろうなと考えていましたけれど、自粛期間に「一人で静寂の中を生きるのはなかなかにいいな」と思う自分がいて、そのことが私にとっての安心要素になりました。

江原　コロナが教えてくれたことはたくさんありますね。私はただ怯《おび》えて暮らすのでは損だという気がするのです。「コロナのせいで」ということもある一方で、「コロナのおかげで」と言えることもないと。

鈴木　そうですよ。ゆっくり家族で話し合うチャンスがあったとか、食べ物に気をつけてみたとか、他の人のことを考えたといったメリットのほうに着目する。そうすると心配や不安が半減します。これはコロナの時代をどう生き抜くかに限らず、人生を生きるうえで大切なこと。嫌なことがあったと思ったら、でもそのことによるメリットもあるはず、と考えてみるとよいのです。そうして心のバランスを図ることが、生き生きとした人生を生きるコツだと私は思います。

生きることはバランスを保つこと

江原　私たちが生きていくうえで「バランス」は重要なキーワードですね。

鈴木　ええ。太陽と月、昼と夜、天と地、明と暗、陰と陽……。この世の事象のすべてが対《つい》をなす形でなりたっていて、移ろい続ける暮らしの中でバランスをとって生きている。人だけではなく、動物も植物も生きとし生ける者のすべてが。生きることはバランスを保つことなのです。

江原　私たちは今、これまで以上にバランス感覚が問われる時代を迎えているのではないかと思います。たとえば物質的価値観は手放す必要があるとはいえ、物質というものも、ないと生きてはいけないわけですよね。

鈴木　トイレットペーパーを買い占めるとか、マスクを高額で転売するとか醜《みにく》いことも起こりましたけれど。

江原　そうした人は想像力の欠如によってバランス感覚を失っていると思うんです。トイレットペーパーがなくたって昔は新聞紙だとかを使っていたわけだし、マスクはなくても手拭《てぬぐ》いなどで代用できます。

鈴木　言われてみれば、買い占めの心理は、コレがなくちゃ困るという思い込みから生じるのですね。

江原　困るという意味では食料のほうが深刻で。日本は食料自給率が低く、多くの食物を海外から輸入しています。でも何らかの事情で日本に輸出できないとか、輸出しませんと言われてしまったらアウトです。私は今年、東京から熱海へ生活の拠点を移したのですが、畑で野菜を作っています。稲の栽培も始めました。自給自足できるようにしておけば安心ですから。

鈴木　国が経済と人々の健康のバランスを考えながらコロナ対策を進めているように、私たち一人ひとりもさまざまな場面でバランスを考えて暮らしていく。このことを新しい生活習慣にしていかなければなりませんね。

江原　安倍首相の唱えた「新しい生活様式」を、三密を避けるとか、定期的に室内の空気を入れ替えるといった行動の変化だと捉えている人が目立ちます。けれどもう一歩踏み込んで、幸せのバランス感覚を養う、そのための柔軟性を備える機会だと捉えてみてはいかがでしょうか。

進化より大切なもの

鈴木　この対談を行っている段階（２０２０年5月）ではコロナの脅威はまだ終わっていませんが、リモートワークが普及するなど社会が一変したことは確かです。柔軟性のない人は置き去りにされてしまうかもしれませんね。でも私たちの世代になると世の中の進化についていくのが難しいのですよ。

江原　シスターはメールもなさるし、スマホも使いこなされているではありませんか。今回の対談もオンラインですし（笑）。

鈴木　私は今も現役で仕事をしていますからね。でも私と同世代の多くの方がコンピュータなどに触れたこともないと言います。「マスクならインターネットで買えます」と言われても手も足も出ないと。高齢者の孤立感はとても深いものです。そして孤立感は不安と直結します。

江原　そこもバランスが必要ですね。私はこれまでも「温故知新」の大切さを説いてきました。医療の進化などは素晴らしいと思うのですが、電化製品などの進化はもういいかなというのが正直なところです。「電気を点けて」と声をかけるだけで電気を点けてくれるシステムは、本当に必要なのかなと。体の不自由な方は必要かもしれませんが、健康なら電気ぐらい自分で点けようよと思います。

鈴木　大きな流れにのまれてしまうことなく、私たちの一人ひとりが自分の感性を駆使して、必要なものと、そうでないものを見極めていく必要がありますね。新しいことに飛びつくだけでなく、たとえば手紙を書くなど昔ながらのコミュニケーション方法に着目したいものです。ビジネスの場面ではメール、けれどプライベートなおつきあいにおいてはお手紙や電話で温かな交流を心がける。これこそが現代人に求められているバランス力の最たるものだという気がします。

進化することは大切だけれど、本当に大切なものは何なのか？　と考えることが求められているのではないでしょうか。

第二章　「聖なるあきらめ」を手に入れる

少しくらい遅れたっていいじゃない

江原　コロナのことで子どもたちが学校に行けず、勉強が遅れてしまうといったことが問題になっています。でも私、一年くらい遅れたって別にいいんじゃないかなって。こういうことを言うと語弊があるかもしれないのですけれど……。

鈴木　なぜそう思うのですか？

江原　世の中には病気とか手術とか、いろんなことで一学年遅れる子もいますから。受験を控えている場合には調子が狂ってしまうこともあるのでしょうけれど、何が幸いするかわかりません。いずれにしてもそんなに焦らなくてもいいのに、と思うのです。「神様が与えてくださった一年だ」と前向きに受け止めればいいんじゃないかと。無責任なことを言うようですが、しがみつくことには意味がないというか、潔く諦《あきら》めれば楽になることもあると思うのです。

鈴木　ウフフ。

江原　可笑《おか》しいですか？

鈴木　いえ、先日、出版された私の新刊本のタイトルは『あきらめよう、あきらめよう』なんです。

江原　アハハハ。

鈴木　さきほど私は、思う通りになる人生なんてないとお伝えしましたが、ならば望みすぎの人生は潔く諦めようと提案しているのです。いたずらにしがみつけば、執着している対象から無理やりに引き離されることになります。それでは残念で悔しくて却って未練タラタラになってしまうでしょう。でも自分で進んで手放せば、心に傷は残らない。自分で決めたことだからと諦めがつく。このことを私は「聖なるあきらめ」と言っています。

江原　「諦める」とは「断念する」とか「投げ出す」といった後ろ向きな行為だと捉えてしまいがちですが、執着を手放すという意味ですね？

鈴木　はい。もとより「あきらめる」には「投げ出す」という意味の他に「明《あき》らめる」

という意味があるのです。

江原　本質を見抜く、あるいは真理を明らかにするという。

鈴木　自分の意に染まない状況が生じたら、それも受け入れようということですが、どの道、私たちにはそれしか術《すべ》がないんですよ。だって状況を変えることができない限り、どんなに不都合な出来事であっても受け入れるしかないのですから。

執着を手放す勇気

江原　必要なのは執着を手放す勇気ですね。

鈴木　私の好きな祈りの中に「自分で変えることのできないものを受け入れる広い心を。変えることのできるものを変えていく勇気を。変えることのできないものと変えることのできるものを見分ける叡智《えいち》をお与えください」というのがあるんです。私はこれが人間の生きていく基本だと思うのです。

江原　つまり人はみな、物事に執着する習性があると。

鈴木　「こうあるべきだ」という思い込みが強い生き物です。ですから執着を手放すのは至難の業《わざ》。自分が「こうあるべきだ」と考えていることを振り切って前へ進むのは誰だって怖いですから。意地が邪魔をして素直になれないこともあるでしょう。

江原　コロナで廃業に追いやられたという方の中にはプライドをズタズタにされたと傷ついておられるケースが少なくありません。また、私のウェブサイトにも「不安しかない」といった声が数多く寄せられています。

鈴木　けれど私たちは、乗り越えられない試練を与えられることはありません。

江原　言い換えれば、どんな窮地に立たされても必ず活路を見出すことができるということですね。結果はわかっているのですから、悩んで過ごす時間は無駄です。速やかに現実を受け入れ、冷静な心で考えることが先決だと思います。

鈴木　そのとおりです。勇気を持って聖なるあきらめを実践すれば、頑張るだけでは気づくことのできなかった解決の糸口がみつかることもあります。すると心が穏やかになり、次のことを考えるためのゆとりもできる。一歩成長して、人生が好転する流れを整えることができるのです。

押してダメなら引いてみる

江原　自分の経験を鑑《かんが》みて思うのは、勇気を出して執着を手放してみたら自由が待っていたということ。「こうであるべきだ」と思い込んでいたけれど、自分を縛っていたのは自分だったのかという気づきがありました。

鈴木　聖なるあきらめを行うと解放感を覚えます。すると天の声が耳に入るようになるのです。

江原　逆に言えば、物事に執着している時には天の声が聞こえないということですね。

鈴木　はい。その結果、迷走してしまうのです。

江原　聖なるあきらめを是非、多くの人に実践していただきたいのですが、そのためのコツのようなものがあれば教えてください。

鈴木　一つ執着を手放せば一つ席が空くというイメージを抱くといいんです。
江原　新しい選択肢が座るためのスペースを空けるというわけですね。現実を受け入れさえすれば、実は素晴らしい未来が待っていて……。
鈴木　掌《てのひら》に予想もしなかったような物が降ってくるんですよ。
江原　それ、ありますね。カウンセリングをしていた時に幾度も目の当たりにしました。たとえば「あの人と絶対に結婚したいんです」と言っていた女性がいて、ところが相手の気持ちは彼女が執着すればするほど離れていくという状況でした。
鈴木　追えば逃げるというやつですね。でも追うのを止めたら……。
江原　そうなんですよ。その人からプロポーズされるという奇跡は起こりませんでしたが、以前から彼女に思いを寄せていた男性の存在に気づくことができて結婚しました。
鈴木　「あきらめる」勇気が幸せを運んできたのですね。
江原　日本には「押してダメなら引いてみろ」という言葉がありますが、努力しても駄目ならば、それは手放すタイミングなのでしょう。

人は一ミリ一ミリ成長していく

江原　私が一番恐れるのは、自分で自分のことが見えなくなってしまうことなんです。それで言いますとね、一般に人が物事に執着している時というのは、自分で自分が見えていません。

鈴木　そうでしょうね。誰かに指摘されたりして「ああ、そうだな」と我に返る人はいいほうです。

江原　我に返ると表現されましたが、スピリチュアリズムにおいては、執着はある種の憑依《ひょうい》現象だと捉えています。それだけに先ほど教えてくださった祈りの言葉が心に刺さりました。常に「叡智をお与えください」という気持ちで祈っていれば憑依を遠ざけることにつながります。人間は基本的に無知で、人が成長することは無知を叡智に変えることだと私は思うのですが。

鈴木　それも大きなことじゃなくて、ゴミが落ちてたら拾うといった小さなこと。些細なことを積み重ねていくのが生きることの意味ですし、だからこそ自分の心を満たしてくれるのです。そうして人は一ミリ一ミリ成長していく。

江原　一ミリ一ミリでいいと。それならできそうな気がします。

鈴木　手放すにしても、いきなり大きいことを手放そうとするのではなく、小さいことから始め、訓練を積んでいくのが大事だと思います。

江原　私のガイド、いわゆる守護霊であるところの昌清《まさきよ》霊も「悟りというのは高きところにあるものではなく、周りにいくらでもある。その一つずつを悟っていくことで、やがて大きな悟りにつながる」と。どんなに優秀であっても、人が一足飛びに成長することはないんですね。

鈴木　早道もないと思います。ああ、また失敗してしまった、とんだ恥をかいてしまったということとの繰り返しで成長するのが普通ですから。

江原　シスターもですか?

鈴木　もちろんです。今日だってｚｏｏｍの接続に失敗して声だけの参加になってしまいました。皆様にご迷惑をおかけして申し訳ない気持ちでいますので、次回までにマスターしようと決めてます。私、ｚｏｏｍの達人になってしまうかもしれませんよ（笑）。

「雨ニモマケズ」が教えてくれること

江原　今回、コロナ後の生き方を問われている時期に、シスターと対談ができて良かったと思う理由の一つが、信仰についてのお話を伺えることです。どういう宗教を信仰するかにかかわらず、これからますます信仰が必要な時代になると、私自身が感じているものですから。

鈴木　信念とか誠《まこと》に通じる信仰心を自分の中に備えることが大切ですね。

江原　そうです。自粛生活の中で、信仰を持つのと持たないのとでは生き方が変わってくるだろうと考えていた時に、ふと思い浮かんだのが宮沢賢治でした。賢治は「雨ニモマケズ」という日本人なら誰でも知っている詩を遺しています。

東に病気の子どもあれば　行って看病してやり
西に疲れた母あれば　行ってその稲の束を負い
南に死にそうな人あれば　行ってこわがらなくてもいいと言い
北に喧嘩や訴訟があれば　つまらないからやめろと言い
日照りの時は涙を流し　寒さの夏はおろおろ歩き
みんなに木偶《でく》の坊と呼ばれ　褒められもせず　苦にもされず
そういうものに　わたしは　なりたい

「雨ニモマケズ」より

鈴木　いつ読んでも、何回読んでも、ハッと気づきを与えられる詩ですね。

江原　賢治の作品には仏教に影響を受けたものもあれば、キリスト教に影響を受けたものもあります。また、宇宙と地球の間を行き来し、農業を通じて自然界と対話をして暮らしていたことが見て取れます。こうしたことから賢治は私たちに天からのメッセージを伝える役目を担っていたのではないかと私は考えています。

鈴木　今もなお、ですね。明治生まれの人の作品が今も読み継がれているのは、そのこと自体に意味があるからに違いありません。

江原　なかでも私は「雨ニモマケズ」に出てくる「みんなに木偶の坊と呼ばれても、褒められなくてもいい」という一節に改めて感銘を受けました。

鈴木　表面的な立派さや偉さなどいらない、と伝えていますね。

江原　「小さき花のように生きたい」と示したイタリアの聖人・フランチェスコの生き方に通じています。

鈴木　ええ。自分の中に信仰心があれば、人はブレなく生きることができます。コロナウイルスという「戦後最大の地球の危機」を経て、パラダイムシフト（その時代において当たり前のこととして捉えられていた認識や思想、社会の価値観が劇的に変化すること）の時を迎えた今、私たちはこれまで以上に意識的に、自分自身の中にある信仰を大事にするべきだと思います。私たちがいきいきと輝いた人生を生きるためには、日々の暮らしの中で世間の目ではなく、お天道様が見ていると意識することが非常に大切です。

日本人は元々信仰心が強い民族

江原　日本人は神様を見る力を元々持っている民族だと思うんです。日本における神の定義は「畏《おそ》れ多くかしこきもの」。大自然を見てもそこに神が宿っている、風が吹いても神が宿っていると信じる感性がある。そこから「天は見てござる」という言葉が生まれたり、青森などでは「お山が見ている」とも言います。

鈴木　お山が神様なんですよね。どこへ行ってもお山が見えるので、「誰も見ていなくてもお山が見てるんだよ」と言って道徳心を備えるよう促していたのでしょう。平安末期の歌人、西行は伊勢神宮を訪れた際に「なにごとのおはしますかは知らねども　かたじけなさに涙こぼるる」と歌を詠みました。そして、日本人の中には「ご先祖様がいつも守ってくれる」という感覚もある。お墓も大事にしますしね。

江原　初詣やお宮参り、節分やお盆やお彼岸といった年中行事も欠かしませんし。

鈴木　お祭りも好きですよね。日本人は目に見えない存在を敬い、あの世へ旅立った先人達が自分を守ってくれているという感覚がとても強い。自然の中に神の力が宿っているという感覚も、太古の昔から備わっていると私は思います。ただし、現代人は表面的に信心している人が多いですよね。あるいは現世利益を求めて祈ったり。

江原　昔の日本人は自分自身を見つめるとか、自省する能力を備えていました。ところが今は、お山よりも高いビルディングが建ったり、天ではなく防犯カメラに監視されるようになったりと様変わりしてしまったからでしょうか。「畏れ」を失ってしまったように思います。

鈴木　そうですね。自然を破壊してまで便利さを追求するのは、まさに畏れを知らない行為です。

江原　でも私は元来、「畏れ多くかしこきもの」の存在を信じる感性を持つ日本人には、畏怖の念を取り戻すことが可能ではないかと思うのです。

鈴木　確かにそこに日本人の希望がありますね。

日本人は神様を見る力を元々持っている
民族だと思うんです。

怠惰《たいだ》な土地に花は咲かない

江原　問題はどうやって目に見えない存在への畏怖を蘇《よみがえ》らせるか、なのですが。

鈴木　それには「神とは何か?」について考えることが必要です。結論から先に言えば、人間に命を与えて生かし続けてくれて、いつもその人間に寄り添って大事にしてくれる存在。それが神様だと私は思います。こう聞けば誰でも神の存在を必要とするはずなのに……。現代人の最大の落とし穴は考えないことではないでしょうか。

江原　怠惰なんです。私は書籍などで「怠惰な土地に花は咲かない」と説いています。怠惰な人は単に怠《なま》け者なだけでなく、自分を愛せずにいる。自分のことを愛していたら、さまざまなことを真剣に考えるでしょうから。

鈴木　神の愛について考えることは、人生という暗がりの中を進む時に必要な灯《あか》りを手に入れるにはどうしたらいいだろうか?　と考えるのと同じこと。神の愛をよく理解していれば、怯えることなく前進することができます。

江原　苦難を回避できるというわけではなく、苦難を学びとして受け止められるということですね。思うようにいかないからといって、落胆している暇はない。「神様は何を学べと促してくださっているのだろう？」と考えて、いち早く生き方の修正をしなくてはいけません。

鈴木　神の愛は偉大です。たとえば母性愛。神の愛を大海原に喩《たと》えて言うならば、神はその一滴を親の心に埋め込んだと言われています。親の心が子どものために命まで投げ出そうとするのは、その底に神の愛があるからだと。

江原　ああ。

鈴木　神様というと遠い存在だと感ずるかもしれませんけれども、そんなことはありません。何でも気軽に相談するといいのです。神様と話す時には何でも自分の気持ちを正直に語る。神様に言ってみる。自分でもちょっと大人気《おとなげ》ないかなと思うことでも、人の悪口でも、悔しい、悲しいという思いも。友だちに訴えるのではなく、神様に「聞いてくださいよ〜」って訴えてみる。遠藤周作が『沈黙』という小説の中で書いているように、神様は黙って聴いてくださいます。

ネガティブな感情は心の片隅に放置する

江原　神様に吐き出すだけ吐き出せば、心の中がスーッとしてきますよね。友人などに愚痴ると後味が悪いものですが。

鈴木　悪口や不平不満は人を遠ざけます。聞いているほうの心が疲れてしまうので、私も誰かがネガティブな言葉を発し始めたら、「次の約束があるので、そろそろ失礼します」と言ってスーッと退席します。

江原　スーッと（笑）。でもつい、近くにいる人に愚痴りたくなる気持ちもわかります。

鈴木　ネガティブな感情は解決しようとせず、心の片隅に転がしておくのが望ましいのです。放置しておけば時間の経過とともに風化しますから。それだと誰かを巻き込まなくて済みます。余計なことを言わなければよかったと自分自身が悔いることもありません。ですからスッキリと前へ進んでいくことができるのです。

江原　放置しておくためにも、神様に話を聞いていただくと。

鈴木　そうです。正直な気持ちを吐露すれば本当にスッキリします。しかも素直な気持ちが湧いてきて、自分にも反省すべき部分があったと思えてくる。それが神様の声として聞こえてくる。大袈裟に聞こえるかもしれませんけれど、やってみればわかります。

江原　自分は人を傷つけてしまった、自分は嘘をついているという場合には、神様に話を聞いてもらう資格などないと思ってしまいがちですが。

鈴木　神様は立派な人間だけを助けるのではなくて、むしろ弱くてどうしようもない人間に手を差し伸べてくださると知っておくとよいでしょう。親がどうしようもない子どもがかわいくて堪《たま》らないように、神様は私たち一人ひとりを見つめて大事にしてくださる。それが人間と神様のつながりなのです。

目に見えないものを信じる

江原　目に見えないものの存在なんか信じないという人もいますが、「本当かな？」と私は思うんです。だってそう言う人も初詣やお墓参りには行くのですから。

鈴木　私の知り合いにも「自分は宗教なんて一切信じません」と言って譲らない青年がいたんです。ところがある日、車にはね飛ばされそうになって。ギリギリのところで助かったのだけれど、咄嗟《とっさ》に「神様、助けてください！」って大きな声で叫んでしまったと話してくれました。

江原　ハハハ。

鈴木　先ほどもお話ししたように、日本人の中には神様やご先祖様といった目には見えない存在が自分を助けてくださるという感覚が埋め込まれているのですよ。

江原　日本は八百万《やおよろず》の神といって、さまざまなものに対して神を見出して……。米粒にも神様を感じたわけですね。「バチがあたるよ。米粒の一つも大事にね」っていう。そうした教えが現代では忘れ去られていましたが、もしかしたらコロナを機に取り戻す人がいるのではないでしょうか。だって「神様は静寂の時に見える」という言葉があるではありませんか。

鈴木 自粛生活を送っていた間、町からは人も車も消え、騒音も消えて静寂が広がりましたね。私はこれほどまでに静かな、まさに水を打ったかのような静けさに包まれた世界を体験したことがありませんでした。

江原 するとベニスの運河の水が綺麗になったとか、ロサンゼルスでは長い間見ることのできなかった青空が見えたといった報告が世界各地で次々にあって。みんな気づくわけですよね、自然界が喜んでいると。国破れて山河ありではないけれど、さまざまなことが正常化しました。私たちはもう一度、神様を見つめ直す機会を与えられたのかもしれませんね。

神様は立派な人間だけを助けるのではなくて、
むしろ弱くてどうしようもない人間に手を差し伸べてくださる。

「丁寧に暮らす」ことの大切さ

鈴木　カトリックでは、米粒にも、草花一つにも神様が宿っていると考える汎神論《はんしん》ではなく、そういったものの一番奥に神様がその存在を有らしめてくださっていると考えます。美しい一輪の花を通して、神様の存在を感じる。一羽の小鳥が空を飛んでいる姿を見て、飛ぶ力を与えてくれている神様の存在を想う。私たちは、すべてのものに神の栄光と力が溢《あふ》れていることに気づきます。その眼差しを持っていろんなものを見て、すべてのものの根源にある愛そのものの存在とか、自分のことを大切にしてくれる神と触れ合う。これが生きることとの意味だと私は思います。

江原　スピリチュアリズムでは私たち人間も神の部分を宿していると考えます。ただ、五感を通じて神の存在を感じるのは同じです。音楽を聴いて心を震わせたり、絵画や景色を見てなんて素晴らしいのだろうと息をのむ。それは、自分の中の神の部分が反応しているから、と私は伝えています。

鈴木　ですから現代人にも神は見えるはず。現代社会の中で家族を守って生き抜くことを思えば、現世利益を願うなと言うのは無理なのかもしれません。それならば現世利益を願うことから入ってもいいと私は思うのです。ただし、単に「願いを叶えて欲しい」ではなく、神の存在を感じ、神の愛を信じることとの大切さに目覚め、その感性を磨いていく必要があります。

江原　そのためには心を込めて、その日その日を丁寧に暮らすことかなと。たとえば早起きをして日の出を見れば、誰だって清々《すがすが》しい気持ちになるし、自ずと神を感じます。

鈴木　太陽や空や風、季節の植物や食物といった自然の中に神の愛は宿っているのです。私も江原さんのおっしゃるように、現代人は何よりもまず、丁寧に暮らすことが求められていると思います。

第三章

他者を赦《ゆる》して、自分を赦《ゆる》す

母の愛がもたらすもの

江原　世界にはさまざまな宗教を信仰する人がいます。日本でも無宗教の人も含め、さまざまな宗教観を抱く人がいるわけですけれど、そうした宗教の枠組みを超えて、多くの人に共通する想いがあると私は感じています。それは母に対する想い。カトリックにおける聖母マリアのような。

鈴木　ああ。そうですね。日本でも戦争中、誰もが「お母さん！」と言って死んでいったといいます。なぜ「お父さん！」ではないのか、お父さんが気の毒じゃないかと言った人がいましたけれど（笑）。

江原　母はやはり偉大なる愛を持っていて、愛が神であって。そういった想いを多くの人がこのコロナ禍で再び抱いたのではないかなと私は思うのです。

鈴木　そうですね。私は静岡県の普通の家庭に育って、大学でカトリックの信仰を持つシスターたちに触れて同じ道に進みました。当時は今より厳しくて、シスターになると修道院から一歩も外に出られませんでした。それは故郷を捨て、家族と会うこともできなくなること。親の死に目にも会えない。すべての縁を切って修行の生活に入ることを意味するのです。

江原　はい。

鈴木　私が大学生になったのは終戦直後でしたが、ちょうどマルタ島から日本に来たシスターたちと学内で出会いました。その方たちは廊下で何かブツブツ言いながら掃除をしている。寄宿舎で食事がすむと、暑い季節にもお湯の中に首を突っ込むようにして学生が食べたお皿を洗いながら、ブツブツと何かをつぶやいていました。あるとき、私が「あの方たちは何を言っているの？」と友人に訊くと、その人が教えてくれたのです。「シスターたちは、今、このお皿で食べた人が幸せになりますようにって、祈りながら洗っているのよ」って。

江原　ああ。廊下を掃いている時も、すれ違う人が幸せになりますようにとお祈りしていたのですね。

鈴木　廊下ですれ違う人だけでなく、その人の家族も、友だちも。日本人のすべてが幸せになりますようにと祈っていると言うのです。自分は国を離れて寂しいのに、ただただ人の幸せのために生きている。この犠牲的精神、慈悲に満ちた愛こそが聖母マリアに象徴される母の愛。自分の一生を神に捧げ、奉仕の精神を貫くシスターたちを目の当たりにした時に、私は大変に大きな衝撃を受けました。「神という存在なくして、この方たちの生き様はあり得ない」と思って。

江原　神様の存在を確信なさったのですね。

鈴木　ええ。神様は周りの人たちとか出来事を通してご自分の愛を伝えてくださる。そういうものを素直に受け止めながら、親子の間に交わされる絆も神様からもたらされているのだというところに立ち返って、「親が悲しむようなことはすまい」「母の愛を心の支えに生きよう」と神の心を感じ取ることが、これからの時代はもっともっと大事だと思います。

「こうあるべき」を捨てる

江原　家族の話で言えば、年老いた親御さんにコロナをうつしてはいけないから、故郷に帰れない、老人ホームに面会に行けないといったことが問題になっていました。そうしたなかで、「年老いた親を思うとはどういうことか」「自分にできることはあるのだろうか？」と考えた人も多かったのではないでしょうか。

鈴木　ねぇ。コロナだからしょうがないと片付けてしまうことのできない悩ましい問題です。ただ私はやはりここでも、まず感謝することが大切だと考えます。離れていて会えない親のことを心配する。その親がいてくれることの有難さに目を向ける。そうしてその想いを慈《いつく》しむ。感謝の心が基本にあれば、気持ちのゆとりができて、いろいろといい方法が浮かんでくるのです。

江原　高度経済成長期についた癖でしょうか。多くの人が何でも物質的なことで示さなくてはと思い込んでいる節がありますが、そこに思いが込められていなければ意味がありません。人間同士が触れ合うことでしか伝わらない思いがあって。

鈴木　そうですよ。どんなに豪華な老人ホームに入所するより、「今日はどうしてる？」「会いたいと思っているよ」といった家族からの連絡のほうが嬉しいはずですから。そもそも日本人は「こうあるべき」というのが強すぎると思うんです。あらゆることに関して。今回のコロナの体験は「こうあるべき」という思い込みを根源から揺さぶってくれたのではないかと思います。

自分のせいで、と思いすぎない

江原　以前にＮＨＫの番組でシスターが大切なライフワークの一つとして行っておられる、回復が難しいとされる方の病院や施設への訪問の様子を拝見し、大きな感銘を受けました。

鈴木　あれは福島県の特別養護老人ホームを訪問した時のものです。脳梗塞の後遺症で上手く会話を交わすことのできない、当時92歳の野田キサさんという女性のご家族から依頼を受けて会いに行きました。

江原　最初、キサさんはシスターが「お祈りをしましょう」と言って手を握ろうとしてもギュッと手を閉じたまま開こうとしませんでしたね。

鈴木　そうなんです。それで私は付き添われていた娘さんに「キサさんには何か心の葛《かっ》藤《とう》があるのではないですか？」と尋ねたところ、たまにお孫さんの名前を呼んでいたと。なんでもキサさんは20年前、幼い孫をおぶっている時に脳出血を起こして転倒してしまったそうです。その後ずっと、その孫のことを気にする様子を見せていたのだと。

江原　「自分のせいで」という思いを抱えていたのですね。

鈴木　その話を聞いた時、どんなにか辛かっただろうと感じました。全身が硬直してしまうほどに自分のことが赦《ゆる》せなかったのです。手などは爪が肉に食い込むほど固く閉じられていました。

江原　でもシスターがキサさんの頭に手を当てながら「何も心配ありませんよ。おばあちゃまの気持ちはみんなに伝わっていますから」「特にお孫さんに伝わっていって、守られていきますからね」と声をかけていくうちに変化が起こりましたね。私はこういうことがあるのだなとビックリしました。

鈴木　硬直していた体がフワッと柔らかくなって、お顔もみるみるうちに柔和になられて。ですから、さきほど江原さんがおっしゃったように、人間同士の触れ合いなくして人は癒やされないし、心を大きく変えることもできないのだと思うのです。互いに触れ合い、些細なことでも相手を大切にしてるんだって伝え合うことが、とても大きな生きて行く力になるのではないでしょうか。

「いつも不機嫌な人」の共通点

江原　キサさんは自分を赦せなかったというお話が印象的でした。自分を赦すことが愛を見つけること、延《ひ》いては幸せへとつながっているのですね。

鈴木　人は他者から「大丈夫ですよ。あなたは赦されていますよ」と言われて、初めて自分を赦すという発想を得ます。それまでは赦すという発想がないため、赦す力を発揮できない状態。私も日常生活の中で気になっていることがあったりしても、周囲の人の「えー、そんなこと、誰も気にしていませんよ」という一言で、「あっ、そうか。その程度のことなのか」と気が大きくなるというか、スッと楽になることがあります。

江原　ありますね。自分が勝手に赦されないと思い込んでひとり相撲をしてしまっていることって。

鈴木　自責の念に駆られている方に対しては、周りの人が「それはもう神様が赦してくださって、あなたの責任でもないことかもしれないよ」とか、「自分で悪かったと思えば、それで赦してもらえるんですよ」と声をかけてあげることで、新しい喜びに満ちた生活へ導くことができます。

江原　それが周囲の方の幸せとも直結していますね。

鈴木　そこが大切なところです。人の中には自分が二人いて、自分で自分を責め続けている時は、片方の自分が「あれは駄目」と言うと、もう片方の自分が「だってしょうがないじゃない」と言い返すような喧嘩をしている状態。すると何が起こるかというと、必ず周囲との人間関係が悪化します。

江原　常に喧嘩中だから他者に対する気遣いができなくなるのですね。

鈴木　いつも機嫌が悪くて、無愛想で、気難しくて。そんな人と接するのは誰だって苦痛じゃありませんか。ですから自分の心の中に平和を作り上げることは、生きていくうえで最も重要な課題です。

江原　とはいえ自分で「どんまいどんまい」と流してしまうのは軽すぎますし、「してしまったことは仕方がない」と判断するのも違う気がします。自分を赦すことは、なかなか自力ではできないというか。ですからお互いに「あなたは赦されてますよ」って言い合えたら、どれだけ幸せの輪が広がるかと思うのです。

自分を赦すために必要なものとは？

鈴木　たとえば親が亡くなった時などに「もっと早く病院に連れて行ってあげれば良かった」とか、「もっと自分で介護すべきだった」と、過去を振り返って自分を責め続ける人が少なくありません。

江原　後悔のない介護やお別れはないといいます。どんなに精一杯やったとしても「ああ、私は十分にやった」とは思えないものです。ほとんどの人が「こうすべきだった」と後悔の言葉を口にします。でも私はこう言うんです。「あなたが言う『こうすべきだった』の『べき』は愛しているから出るのですよ」と。「べき」と自分を責めたくなったら、「それぐらい愛していたんだ」と捉えればいいと思います。

鈴木　でも、それは傲慢だと私は思うんですよ。「ああすれば良かった」「こうすべきだった」と過去に向かって言い続けるのは。だって、それができてたらやってますもの。

「あの状況の中で精一杯のことをやった。自分にはそれだけの力しかないけれど、その力でできるだけのことをしたんだ」ともっと謙虚になることです。

江原　確かに傲慢かもしれませんね。「もっとこうすべきだった」と際限なく言い続けることができますから。

鈴木　そうです。しかも、自分を責め続けることは、周りに不幸を拡散させるんです。自分の中で自分自身と喧嘩し続けているのですから、心安らかにはいられません。当然、周りの人にもその影響は及びます。

江原　本人はそのことに気づいていない。

鈴木　ええ。しかもそういう心持ちでいると、未来について前向きに考えることができません。「同じようになったらどうしよう」といらぬ心配をするんです。それもまた自分や周囲の人を不幸にする原因になってしまいます。

江原　次は後悔しないようにしようと思わないのは、やはり反省はしていない。悔いているとはいえ、自己憐憫《れんびん》でしかないことになってしまいますね。

鈴木　だから自分を責めるのではなくて、教訓にすればいいのです。自己憐憫はさっさと手放して「よい教訓を得た。これからの人生に活かしていこう」と思って、心を切り替えることが大事だと思います。

江原　シスターが諭すと、その人は自分を赦すという発想を受け入れ、すんなりと実践しますか？　私は不幸の三原則は「責任転嫁」「自己憐憫」「依存心」と説いています。三つの要因は連動しているのですが、こうした人は一筋縄ではいきません。つまり自己憐憫の強い人の多くは、なかなか自分を赦すことができないのではないかなと思うのですが。

鈴木　起こったことは、すでに神様から赦されたことなんです。「神様が赦してくださるのに、あなたは自分を赦せないって、あなたは神様以上に偉いんですか？」って言うと、たじたじになりますね。

江原　やはり信仰の力ですよね。だって神様の存在を信じていない人にシスターの言葉は届きづらいでしょうから。信仰心があるということは自分自身を見つめることができるということなのですね。

鈴木　はい。信仰心を備えることは、自分と素直に向かい合う力を育むこと。私はそう確信しています。

他者を赦せない人は、自分も赦せない

江原　もう一つ、「赦す」に関して言うと、どんどんこの世の中が狭量になってきていて、人を赦すことができない傾向にあると思うのです。コロナ禍で「自粛警察」と揶揄《やゆ》される人たちの存在が話題になっていましたけれど、人が外出していたりするのが、本当に赦せない。感染が広がったらどうするつもりなんだと。言っていることは間違っていないのですが、他者に対する攻撃性が凄《すさ》まじく、正義感の方向性が違うと感じます。

鈴木　それは正義感なのでしょうか？　正義を装って憂《う》さ晴らしをしているだけなのではありませんか？　自分は不自由な思いをして家の中にいる。国家の要請に応えている。それがために仕事にも支障をきたし、それでも耐えているという思いがあるから、基本的にイライラしているのでしょう。外に出て自分の欲求を満たしている人は狡《ずる》いと

いう気持ちがあって赦せないのでしょう。

江原　エキセントリック過ぎる人を諌《いさ》めるにはどうしたらいいとお考えですか？

鈴木　信仰心のない人の心に届くかどうかはわかりませんが、まずは「自分を客観的に見てごらんなさい」と。次に「自分にもこういう弱さがあるんだな」と認めるように誘《いざな》い、「神様、どうぞちっぽけな自分をお赦しください」と祈ることをお勧めするしかないように思います。

江原　自粛警察とかいって町を見回って、歩いている人と言い合いになったりしたら、飛沫感染のリスクがあるのではないかと思うのですが。実際問題として。

鈴木　そうですよ。

江原　ただ私も苦言を呈したことがあるんです。私が住む熱海にはご高齢の方がたくさん暮らしているのですけれど、緊急事態宣言が発令される寸前まで若い人たちがマスクもしないで観光に来ていて。それがために住人たちが感染を恐れて買い物をしに町に出るのを控えるという事態になったのです。それでテレビで言って欲しいと地元の人たちから頼まれまして、「しばらく来ないでください」と。

鈴木　自粛警察とは違うじゃありませんか。

江原　うるさいオヤジという意味では同じかなと（笑）。でも私は緊急事態なのにもかかわらず、無邪気に観光に訪れる若い人たちに対して怒りではなく、憐《あわ》れみを感じていました。「行かないほうがいいよ」「せめてマスクをしなさい」と忠告してくれる大人が身近にいないのだなと。核家族になってお祖父ちゃんやお祖母ちゃんと暮らしていないから、ご高齢の方に対する思いやりの気持ちが育まれていないのだなとか。

鈴木　それだけに、江原さんみたいにビシッと言ってくれる人がいると結構シャキッとするんですよ。子どもが叱られなきゃ寂しいように。冷静に言われれば、憂さ晴らしをしているわけではないと相手もわかりますから。

江原　赦せない！　という気持ちを抱いたら、心の奥に嫉妬心が横たわっていると考えて、自分をコントロールするしかありませんね。

鈴木　他者に対して「赦せない！」と思う人は、その実、理想的でない自分を赦すことができずにいるのです。「赦す者は赦される、赦さない者は赦されない」とイエスも言っています。

感情で離婚するのは愚かなこと

江原　コロナがリトマス試験紙となって、何が必要で、何が不要だったのかを教えてくれたと言えそうです。今まで見ないようにしてきたことをまざまざと見せられて、どうにかしなければいけないと諭されたケースもたくさんあるように思います。コロナ離婚などもそうですね。

鈴木　コロナ離婚とは良く言ったものですねぇ。コロナという名のリトマス試験紙によって、上手くいっていない関係性があぶり出されてしまったということですね。コロナ以前からいろいろと不満が募《つの》っていたのだけれど、これまでは見ないようにしていたのでしょうか？

江原　一概には言えませんが、自粛生活の中で四六時中一緒にいたら我慢できなくなってしまった、あるいはパートナーに対する批判的な気持ちを誤魔化せなくなってしまったのでしょうね。「夫がこんなに冷たい人だとは思わなかった」と訴える人がいて、聞けば銀婚式を迎えるというので「今頃？」と。

鈴木　ウフフ。でも、そんなものかもしれませんよ。一番近くにいる人が一番わかっていなかったというのは、よくある話じゃありませんか。

江原　夫婦だけではなく、同居する親御さんに失望した方も少なくないようです。感染したらいけないからと「出かけないでね」とお母さんに伝えたところ、「私に指図しないで」と反発してきて険悪な空気になったといった話をよく耳にします。親がマスクをしてくれないので困っているという人もいました。

鈴木　まぁ！　困りますねぇ。コロナの感染症で入院すると家族との面会は許されませんし、危篤状態になっても家族が見守ることも見送ることもできない。これこそがコロナの悲劇なのに危機感がないなんて。

江原　この場合、コロナというリトマス試験紙によって親御さんの家族に対する愛が判明してしまったのだと思います。家族に対する愛より自己愛のほうが強い場合には自由な行動をとってしまうのです。寂しさを抱えているということも十分に考えられます。

コロナがリトマス試験紙となって、
何が必要で、何が不要だったのかを教えてくれました。

そうであるなら家族は、何がそこまで親御さんを寂しくさせているのかを考えてあげなければ、問題は解決しないでしょう。

鈴木 離婚もそうです。相手の気持ちになって考えてみることで、自分にも悪い点があったと気づくことができるかもしれません。自分にとって本当に必要な人なのか、じっくりと考えてみることが大切。感情的になって勢いで離婚してしまうのは愚かなことだと思います。性分や育った環境の違う二人が共に暮らすのですから結婚生活は溝があって当たり前。その溝をお互いの努力によって埋め合い、長い歳月をかけて成長し合うのが夫婦です。

江原 シスターに離婚の相談をする人もいるのですか？

鈴木 たくさんいますよ。両者の話をじっくり聞いてみないことには正確なジャッジメントはできませんが、縁があって出会ったのは確かなこと。同じ時代に存在する何十億もの人の中で知り合って、惹《ひ》かれ合い、お互いにとって特別な存在になるのはただならぬ縁です。ですから私は離婚を考えている方にはこう話すんです。夫婦はお互いがお互いの選ばれし者です。そうした縁を大切にするのも人生の課題ですから、もう少し長い目で見てくださいって。

世界の平和はあなたのほほえみから始まる

江原　私は、このコロナ禍の中、家出している人たちはどうしたのか気になっています。インターネットカフェで寝泊まりしていた人も店が休業中は利用できなかったわけで、家に帰ったのかなとか。だとしたら、家族とか愛というものについて、考える機会になったのではないかなと。家族も「息子はどうしているだろうか？」「娘は無事に暮らしているだろうか？」と心配したのではないでしょうか。

鈴木　強がっていたけれど、生きるか死ぬかとなったら素直になれたということは幾らでもあると思います。実際に、そうした話を耳にしました。

江原　やはりコロナは天啓、物事を否《いや》が応《おう》でも変えてしまう力がありますね。家族との関係性は単に家族間の問題で終わらない。家族で対立することなく暮らすことが世界平和に繋がるのです。戦争は嫌だと言いながら、家の中では家族と大喧嘩しているのは矛盾しています。マザー・テレサも「平和は足元から」ど。

鈴木　そうですね。「平和はほほえみから始まります。一日五回、あなたが本当は笑顔を見せたくない人にほほえみかけなさい」という言葉を残しておられます。

江原　本当は笑顔を見せたくない人に、というところがポイントですね。

鈴木　笑顔を見せたくないのは意地でしょうか。だとしたら、それは家族にならら意地を張ることも赦されるという甘えですね。それとも負い目でしょうか。自分は家族の期待に沿えなかった、お金もないし、才能もないし、家族のお荷物になるだけだといったコンプレックスから素直になれず、家族とギクシャクしてしまうケースが多いのですが、そうした人にもできることがあります。それは機嫌よくいること。迎合するという意味ではありません。譲りたくないことは譲らなくてもいいのです。それでも和《なご》やかに接することはできるはず。

江原　そうですね。なのですが……。私も夫婦喧嘩もしますし、時には息子を怒鳴りつけたりとか、あまり偉そうなことは言えません（笑）。いや、コロナを機に回心をしなくてはいけませんね。

第四章

苦難だらけの世の中を生き抜くために

仕事があるだけありがたい

江原　コロナに関して綺麗ごとばかりも言っていられないのは、現実問題として職を失った人が多いことです。

鈴木　そのことを考えると、本当に大変なことだと暗澹《あんたん》たる思いがします。

江原　私自身も講演会がほぼ全部なくなりました。でも、大変なのはイベント会社の人たちです。チケットを払い戻さなくてはいけませんが、そのための手数料はイベント会社の負担となります。会場のキャンセル料なども発生しますし。

鈴木　ああ、厳しいですね。今後もしばらくイベントは実施されないでしょうし、そんな状態が続いたら潰《つぶ》れてしまいますよね。

江原　私が主役で出演するオペラ公演も中止になりました。演者だけでなく、照明の方とか音響を担当なさる方とか、大道具さんや衣装さんやヘアメイクさんといった大勢の人たちが失業状態になってしまいました。

鈴木　経済的なことからは話がズレてしまうかもしれませんが、晴れの舞台を目指して練習してきた人たちが気の毒でなりませんね。延期と言われてもモチベーションを保つのが大変でしょう。

江原　オペラ界には、舞台でようやく役をもらえた若い歌手たちがたくさんいました。旬の時というものは待ったなしですので、今歌わなくていつ歌うのかと。来年歌えるかどうかもわからないのはお金以前の問題です。もちろん収入も厳しいけど、そもそも日本では芸術で食べていくのは難しいのです。ですからオペラ歌手の場合だと、学校の音楽の先生とかレッスンプロなど、食べていくための仕事を持っている人がほとんど。その意味で言えば、失ったのは自分の表現の場ということになるのです。

鈴木　すると今、すべての公演が流れてしまって残念だと思うのとともに、「好きなことをして生きてこられた自分は幸せだったんだ」と気づいた人もたくさんいるのではありませんか？

江原　おっしゃる通りです。「なのに、どうしてもっと喜ばなかったんだろう」「人を喜ばせなかったんだろう」と続きそうですね。

鈴木　その気持ちが本物ならば、コロナを乗り越えたあとに、歌えることにこれまで以上に感謝して、素晴らしい舞台を作ることができるでしょう。私の大学も休校となり、職員も一切入れなかったのですが、やっと再開されました。久しぶりに会った職員に「どうしていましたか?」と話しかけたら、「仕事のありがたみをはじめて知りました」と言っていました。

江原　悲喜こもごもですね。仕事があるのはあたりまえだと思っていると、マンネリ化したり、ちょっとしたことで嫌になったりしてしまいがちです。視点を変えるという点において、コロナにいいチャンスを貰《もら》ったといえるかもしれません。

困難は物事を変革するチャンス

鈴木　イスラエルの学者が言っていました。自分は20年間にわたって、世界中に向けて

「学校を九月入学に統一しましょう」と懸命に訴えてきたけれど、誰も取り上げてくれなかった。ところがコロナが始まって一週間で「学校を九月入学に統一するか否か」という議論が交わされるようになったと。

江原　大きな話題になっていました。それにしても、さまざまな場面でコロナの天啓の凄さを感じますね。リモートワークもそうですし、通勤ラッシュなども時間差出勤にしたらいいのにと、ずいぶんと前から言われていたのに進まなかった。

鈴木　人間は大困難にぶつからなければ物事を改革できないのだとか。私たちを大きく動かすためには、大きなエネルギーが必要ですが、現状に満足しているとエネルギーが盛り上がってこないわけですね。

江原　コロナは憎いけれど、今は天啓を理解するための非常に大きなチャンスだといえますね。実際、社会は一変しましたよね。街中でマスクをしていない人がほとんどいないのも、これまで見たこともない光景です。

鈴木　よく、タバコをやめなければいけないと思っているのにやめられない人がいるでしょう？　私の知り合いにも奥さんから「癌《がん》になるからやめて」と口うるさく言われているのにやめられずにいた人がいるんです。幾度も禁煙を試みたけれどダメだった。「かくなる上は肺癌になってもいいという覚悟です」とかなんとか。ところが本当に医師から「肺癌がみつかりました。このままではあと3ヵ月の命です。でも手術をすれば助かる可能性もあります」と言われて、ピタッと禁煙したのですよ。

江原　わかる気がします。

鈴木　ですからピンチになったら変われるんですよ。

江原　世界中の人が同じ時期に同じ体験をして、同じ方向を向いているなんてことは、かつてなかったことだと思います。

鈴木　ねぇ。日本という単位で考えても、同じ文化に生きている中で、さらに共感度が高まっている今こそ、軌道修正をするチャンスだと受け止め、熟慮して、厳選して、さまざまなことを確立させていかなくては。それが私たちの未来を決めるのですからボヤしてはいられませんね。

本来、仕事のほとんどは奉仕

江原　働くことに対する捉え方も変わるでしょう。これまでは金の亡者とまでは言いませんが、自分が豊かに暮らすための手段として仕事をする人が多かったと思うのです。特別に豊かな生活を望んでいるわけではないにしても、自分が暮らしていくためだけに働くという。それだと苦しくなるに決まっていると私は思うのですが、シスターはどう思われますか？

鈴木　この世ではお金がないと生きていけません。そしてお金がないといっても誰も助けてはくれないのですから、自分のことは自分で養うという発想が生まれるのは無理のないことですし、あながち間違ってはいないと思います。ただし、自分の食べる分だけ働けばいいとするのは本末転倒。社会のために働くからこそ、仕事が気持ちよく回るのですから。

江原　気持ちよく回るというのは、イキイキと働くという意味かなと思うのですが、イキイキと働けるのは、その根底に誰かのために働いている、誰かの喜ぶ顔が見たいという思いがあるからですよね。

鈴木　そうです。人々の仕事に対する捉え方が「自分のために働く」から「誰かのために働く」へと変わったら、おおよそ世界は良い方向へと向かうでしょう。

江原　私もそれはすごく感じていて。本来、仕事のほとんどは奉仕だと思うのです。奉仕の精神で行うものという意味です。たとえば本の出版だって、「読んだ人がより良く生きるためのヒントにしてくれたら」という大テーマありきで作る。この思いがなかったら、何のために作るのかわからなくなり、仮にベストセラーになったとしても虚《むな》しさが残ると思うのです。

鈴木　人とはそういうものだから。「あなたのおかげで」と言われるのが大好きだから。そこにやり甲斐や生き甲斐を見出すのですよ。誰かのためならいくらでもエネルギーが湧いてくるのです。その底力を社会のために使わないのはもったいない。

江原　高度成長期に刷り込まれてしまった物質信仰から抜け出すことが、私たちが心豊

郵便はがき

料金受取人払郵便

小石川局承認

1063

差出有効期間
2022年9月9日
まで

112-8731

東京都文京区音羽二丁目
十二番二十一号

講談社
第一事業局企画部　行

★この本についてお気づきの点、ご感想などをお教え下さい。
(このハガキに記述していただく内容には、住所、氏名、年齢などの個人情報が含まれています。個人情報保護の観点から、ハガキは通常当出版部内のみで読ませていただきますが、この本の著者に回送することを許諾される場合は下記「許諾する」の欄を丸で囲んで下さい。

このハガキを著者に回送することを　許諾する　・　許諾しない)

TY 000069-2009

愛読者カード

今後の出版企画の参考にいたしたく存じます。ご記入のうえご投函ください（2022年9月9日までは切手不要です）。

お買い上げいただいた書籍の題名

a　ご住所　　〒□□□-□□□□

b　お名前《ふりがな》

c　年齢（　　　）歳

d　性別　1 男性 2 女性

e　ご職業（複数可）　1 学生　2 教職員　3 公務員　4 会社員（事務系）　5 会社員（技術系）　6 エンジニア　7 会社役員　8 団体職員　9 団体役員　10 会社オーナー　11研究職　12 フリーランス　13 サービス業　14商工業　15自営業　16農林漁業
17主婦　18家事手伝い　19ボランティア　20 無職
21その他（　　　　）

f　いつもご覧になるテレビ番組、ウェブサイト、ＳＮＳをお教えください。いくつでも。

g　最近おもしろかった本の書名をお教えください。いくつでも。

かに暮らしていくための唯一の方法だと私は断言できます。

幸福感の連鎖が社会を動かす

鈴木　自分はそんなに社会の役に立っているとは思えないかもしれません。思えないかもしれないけど、本当は仕事を通して社会に貢献してるんだと自覚する必要があります。当たり前のことをしているけれども、それが人の役に立っていると自覚できれば、他者を敬うこともできるでしょう。

江原　いろんな人に感謝できますね。

鈴木　電車だって、運転してくれる人がいるから走るのです。今、腰かけていられるのも椅子を作ってくれる人がいるから。営業する人、販売する人、運んでくれる人がいるからです。パソコンだって何だって、メーカーの人たちの他に、工場で小さな部品を組み立ててくれる人たちがいなければ作ることができないのです。

江原　想像力を働かせれば私たちが各々の仕事を通じて社会とつながっていることがわかります。自分も仕事を通じて社会の中で生かされているのだと自覚することにもつながりますね。

鈴木　自分は決して大きな仕事はしていないけれども、その行いが必ず誰かの仕事とつながっていて、人の役に立っているのだと感じ、自分に与えられている仕事を一生懸命にやれば、自ずと満足感に包まれます。

江原　こんな仕事なんてと思わず、満足していいんですよね。なぜなら人生が充実しているという幸福感は連鎖するのですから。

鈴木　かつてニューヨークの市長が、タクシーの運転手さんたちに「お客さんが降りる時には必ず笑顔でお礼を伝え、気持ちよく見送ること」と義務づける運動をしました。そうすると、タクシーから降りて職場に向かった人が部下に優しく振る舞ったそうです。そしてさらに、その部下がそのまた部下に優しく接するという具合に、優しさの輪が広がっていく。

江原　いい話ですね。とても現実的な、今すぐに始められるような。

鈴木　自分が幸せ発信地になろうと決めることです。この世は誰かだけが幸せになることはできないようになっています。私の幸せは誰かの幸せであり、誰かの幸せは自分の幸せであると考えて生きていくことがとても大切です。

コロナ後の日本に残された希望

江原　シスターと話をしているうちに、コロナ後の日本は希望に満ちているとすら思えてきました。

鈴木　どんなことでも物事の中には相反する二つのエネルギーが引き合っていて、つまりメリットがあれば必ずデメリットがある、そしてデメリットがあれば、そのデメリットによってもたらされるメリットが必ずあるのです。

江原　辛いこと、悲しいことがあった日も、「このことによるメリットは？」と考えてみると絶対に何かあるはずなんですよ。そのメリットのほうだけを見つめて生きていける人は幸せ上手な人といえるでしょうね。

鈴木　庭に綺麗な花が咲いたとして、花だけ愛《め》でればいいやと切り花にして庭をほったらかしにしたら枯れておしまいになってしまいます。けれど、幸せ上手な人はそのままにはしません。切り花にしても、地中に根が残っていれば、しっかりと育むことで再び花を咲かせてくれると考えるでしょう。

江原　はい。仕事がダメになった時に、多くの人は絶望し、自分はなんてついていないのだろうと落ち込みます。でも心を落とすとかえって道が拓《ひら》かれないことがあるのです。花は枯れてしまったけれど、「働きたい」という思いが根っことして残っているのだから大丈夫だ、再び花を咲かせるぞと奮起することが大切だろうと思います。

鈴木　そうです、そうです。

人に助けを求める勇気

江原　お店や会社を経営しておられる方の中には、続けていくことが難しいとわかってはいても、かといってこれからどうやって生きて行けばよいのか途方に暮れている方も少なくないと聞きます。そうした方にシスターは何と声をおかけになりますか？

鈴木　繰り返しになりますが、今の仕事にしがみつかないことです。

江原　もちろんケースバイケースですが、なんとか立て直したいと闇雲《やみくも》に粘るより、急がば回れで、手放して一から始めたほうが得策な場合もある。むしろそうしたケースのほうが多いように私も思います。

鈴木　やってみる価値はあると言えそうです。だって今が二進《にっち》も三進《さっち》も行かないのなら、別の活路を見出すしかないではありませんか。

江原　今の仕事は手放すと決めて、まずは心を解放する。プライドや意地や見栄も全部捨ててしまえば、色々なコミュニケーションの中で、新たな仕事に導かれることがあると思うのです。

鈴木　思いがけない転換が起こってね。

江原　最初からカッコイイ職に就こうなどと思わないことがポイント。縁のある仕事であれば、アルバイトだっていいのです。ささやかな仕事から、とにかく働く、という姿勢から道は拓けてくる。懸命に働いていれば、必ずそれを見てくれる人がいますから。

鈴木　やはり人とどうつながるかが要《かなめ》になってくるのですよね。ですから新しい仕事を介して、新しい人脈を作る。作れば作るほど可能性は広がっていくわけです。

江原　人を閉ざしてしまったら、あるいは人を閉ざすような心でいると、まったく道が拓かれません。こんな風に言うのは簡単ですが、職を失うのは本当に大変なことです。でも「なんとかなる」と強い気持ちでいることが幸運をひきよせるのだと信じて、前へ進むしかない。

鈴木　そうですね。

江原　本当に苦しい時は人に助けを求めて。

「なんとかなる」と強い気持ちでいることが
幸運をひきよせるのだと信じて、
前へ進むしかない。

鈴木　人に助けを求めるのも、人間の持つ一つの力ですよ。

江原　確かに、「助けてください」と言えるのは強さだと思います。さらに言えば、人生の中で「助けられる経験」をするのは決して無駄にはならない。

鈴木　これは聖書の言葉ですが、「大きな困難や苦しみに見舞われた時には、同時にそれを乗り越える力も与えられている」と。偉人伝などを読んでいると、必ず大きな苦難に見舞われ、それを類いまれなる勇気や努力で乗り越えているでしょう？　生まれた時から死ぬまでずっと幸運に恵まれた偉人などいません。偉人に限らず、誰の人生もドラマチックなんですよ。

江原　苦しみの渦中にいる時は楽しめないかもしれませんが、何とか楽しむ方向へ持っていって。

鈴木　自分は乗り越える力も同時に与えられているのだと信じて、エイヤッと乗り越える他ないと思うんです。誰もが大変な時なのですから、いつまでも悲嘆に暮れていてはいられません。本当に正念場だと思うので、少々厳しいことをお伝えしました。

第五章　幸せになるのが下手な日本人

立ち止まって考えてみる

鈴木　神は今、私たちに「経済経済と走り続けて来たけれど、ちょっと立ち止まって振り返ってごらんなさい。あなたの心は満たされていますか？　深いところで、深い声を聞き留めて、その声によって満たされていますか？」と問いかけておられるのだと思います。私たちは打算を捨て、見返りを求めない思いやりや優しさを通じて周りの人たちと心をつなぐことで、今まで知らなかった満足感を見出していく時代に向かっているのではないでしょうか。

江原　具体的にはどのように行動したらよいのでしょうか？

鈴木　心声に真剣に耳を傾け、自分が直感的に一番良いと感じる行動をとることだと思います。日々の暮らしの中で、人はたくさんの心の岐路に立たされます。「道端にゴミが落ちているけれど、拾うべきか、無視してしまおうか」とか、そういう細かい岐路がいっぱいあるはず。その時に自分の思う最善の選択をしながら生きて行くことが求められているのです。

江原　つまり考えて生きるということですね。冒頭でもお話ししましたけれど、「自分にとって何が幸せなのか？」を含め、「本当に今の暮らし方が理想的だといえるのか？」と深く考えてみる必要があると思います。日本人は高度成長期以来、前に進むのが正しいと思い込んでしまいました。立ち止まったり、元に戻るのを悪だと捉えている気がするのです。でも私はこれ以上、前に行かなくてもいいと思います。

鈴木　世界を見れば貧しい人たちもたくさんいるけれど、日本は本当に恵まれています。スーパーへ行くとモノがあふれかえっていて。手に入らないモノなどないのではありませんか？　世界中の食材があって、しかも種類が豊富で……。

「もっともっと」は不幸のはじまり

江原　けれども心の貧しさのほうは一向に改善しません。つい最近もＳＮＳに書き込まれた中傷によって若手の女子プロレスラーが自殺してしまって問題になっていますけれど。相手を死に追いやるほどの罵詈雑言《ばりぞうごん》を投げかける人は、自分が幸せではないのだと思います。

鈴木　それは確かなことですね。

江原　イジメは、虐《いじ》める人も誰かから虐められているケースがほとんどです。いじめっ子は親から精神的な虐待を受けているとか、パワハラ上司は心の中に強いコンプレックスを抱いているとか。つまり、よそから受けたストレスを自分より弱い人にぶつける負の連鎖ですね。悪意に満ちたＳＮＳの書き込みの場合、書き込むほうは匿名ですからもっと質《たち》が悪い。何がこんなにも現代人を不幸塗れにしているのかなと。

鈴木　私、日本がいわゆるバブル時代を迎えていた頃に思ってました。戦後から見れば、物質的には幸せな時代が来たように見えるけれど、人の心がこれほどまでに苦しい時代がかつてあっただろうかと。だって虚栄心の塊になって、人より贅沢な暮らしがしたいと、それまで日本人が見たこともなかったような高価なモノを所有したりして。しかもどこまでいっても満足しないのです。追いかけても追いかけても、さらなる高みを目指して走り続けるのですから尋常ではありません。

江原　確かにバブル時代というのは、言葉を選ばずに言えば「発狂時代」でした。バブルがはじけた後も今日《こんにち》に至るまで、その名残が続いています。

鈴木　「もっと、もっと」と言っている時は人の心は幸せではないのです。「ああ、これで満足だ」と思えないのは地獄ですよ。東日本大震災の時に被災者の方から聞いた話ですが、その方が何日か食べることができずにいたところ、親切な人からおにぎりを一つ貰《もら》ったと。ふと見ると、やはり空腹の人がいたので半分分けてあげたのだといいます。その時に「ああ、人と一緒にいるのはなんて心がホッとすることなのだろう」と感じたと話していました。おにぎり半分ではお腹は満たされないけれど、心は満たされたわけです。ＳＮＳで誹謗中傷をする心の貧しい人たちに、憂さ晴らしをすることでは幸せを得ることはできないと伝えるためには、社会に温《ぬく》もりが必要です。

人は誰も幸せになる権利がある

江原　誹謗中傷の書き込みは、見方を変えれば書き込む人のたましいのＳＯＳだともいえます。生きづらい、苦しい、寂しいという。そこへ若手の女子プロレスラーの件のように、相手を死に追いやってしまったとなると、さらに不幸を背負うことになる。私はそれが心配です。

鈴木　江原さんは、もしもそういう人から相談を受けたら、どんなアドバイスをするのですか？

江原　自分と正面から向き合いなさいと言うでしょうね。書き込んだコメントを消したところで、元には戻らない。心から故人のたましいに謝る。それから、そんな書き込みをしてしまった自分の不幸さをちゃんと見つめなきゃいけないよ、と。そして幸せにならないとダメだと伝えます。人はいつからでもやり直せるんですから。

鈴木　そうですね。人はいつ、いかなる時にも幸せになる権利が与えられているのです。やはり信仰心を備えることの大切さを思います。私たちが人生の中で道に迷った時、道を踏み外した時にも、神様は心が荒れ果てている自分ですらとことんわかっていてくれると理解すること。赦して、受け入れて、身をもって力を与え続けてくださるのだと信じられれば、簡単ではないけれど、きっと立ち直れると思うのです。

江原　SNSでバッシングをする人に限らず、ともすれば誰もが過《あやま》ちを犯してしまうわけですが、神はいつの時も寛大です。新約聖書に出てくる「放蕩《ほうとう》息子のたとえ話」を思い出します。ある人に二人の息子がいて財産を分けたのだけれど、弟のほうはさっさと家を離れ、遠い国へ旅立って放蕩をして財産を使い果たしてしまった。その後、父の元へ帰ったところ、父は叱るどころか息子が帰ってきたと祝宴を開いたという。

鈴木　あの話を通じてイエスが伝えたかったのは「神の愛の大きさ」です。父とは神のこと、そして放蕩息子は神に背を向けて暮らす人間を示しています。息子は旅に出たために財産、家庭の温かさ、健康、信頼などたくさんの物を失いましたが、「父の愛」だけは失いませんでした。神様はどんなに道徳心に背《そむ》いた人であっても、もう一度やり直したいと思う人のことは祝福してくださる。そう頭の片隅に置いておいて、何があっても「自分はもうダメだ」などと思わないで欲しいですね。どんな時でも人間らしく蘇ることができると覚えておくことが心の支えになります。

なぜ他人の欠点が気になるのか

江原　幸せな人は意地悪をしません。日本人の多くが自分のことを幸せだとは思えないのでしょう。だから何かにつけてすぐ人を責め立てる。メディアではそれが顕著《けんちょ》に表れています。テレビのワイドショーなどで、スキャンダルで躓《つまず》いてしまった有名人を血祭りにあげる様子を見て私が思い浮かべるのは、新約聖書の「罪なき者から石を投げよ」という言葉。姦通《かんつう》の罪で捕らえられた女性に対して、「このような女は石を投げつけて殺すべきだと思うのですが、どう思いますか？」と民衆から尋ねられて、イエスが答えたという言葉です。

鈴木　「罪なき者から石を投げよ」というイエスの答えを耳にした、正義感のかたまりのような顔をした人たちは、一人ずつ、後ずさりをして消えていきました。罪を犯したことのない人なんて一人もいないんですよ。

江原　ねぇ。

鈴木　しかも人は自分の欠点を相手の中に見た時に批判的になるといいます。ですから誰かを責めている時、たとえば「あの人はお節介がすぎる」と責めているとしたら、自分はどうだろうとチェックしてみるといいのです。きっと自分もお節介なんですよ。

江原　ありますね。「あの人は出しゃばりで」なんて人の批判をしている人は、「あなたもですよね」というケースがほとんどで（笑）。自分が言おうとしていたことを先に言われたことが気に入らなかったりするのです。それにしても、相手を責めている言葉は全部自分の内面を暴露している言葉だというのは怖いですね。

鈴木　私もしょっちゅう反省していますけれど。

江原　シスターでもそんなことが？

鈴木　あります、あります。人間なんて、死ぬまでみんな愚か者なのですから。

江原　アハハ。

鈴木　自分は完璧だなどと言う人がいたら偽善者です。

「愛している」と言わない日本人

江原　シスターは海外で暮らされたこともあるし、世界中の方とキリスト教を通じてつながっておられると思うのですが、海外から見た日本はどんな国なのでしょうか？

鈴木　昔、ソーブール・カンドウ神父という方がいて。ずいぶん前に亡くなられたパリ外国宣教会所属のフランス人カトリック司祭ですが、大変に日本語がお上手でした。新聞や雑誌に寄稿し、日本の知識人に影響を与えたと言われています。

江原　へぇ。それは凄いですね。

鈴木　そのカンドウ神父が、日本語の中に世界中のどこにもない素晴らしい言葉があると言ったんです。

江原　えー、なんでしょう？

鈴木　「静謐《せいひつ》」という言葉だと。静かで落ち着いている様《さま》という意味の。物音がしないというだけではなく、凛とした空気を湛《たた》えている言葉で、確かに日本にしかない言葉だなと私も思います。その一方で、カンドウ神父は日本語には英語の「アイラブユー」とか、フランス語の「ジュテーム」にあたる言葉がないので驚いたそうです。

江原　「愛してる」、ではないのですか？

鈴木　そうなのですけれど、「愛している」という言葉が生活に根づいていないと感じておられたのでしょう。

江原　確かに日本人には日常的に「愛してる」と伝え合う習慣はないですね。

鈴木　そうしたところが、ある日、カンドウ神父が無信仰だという親しい日本人に招かれて、その方の家へ行ったそうです。「どうぞ、おあがりください」と言って家族の方が誘導してくれたのですが、神棚の前では手を合わせ、おじぎをして通り過ぎる。次に仏壇の前に行ったらば立ち止まって、また手を合わせて通り過ぎるといった具合に丁寧に、本当に恭《うやうや》しく振る舞いながら、ようやく食卓に着いたと。

江原　はい。

鈴木　信仰はないと聞いていたのにと思って、「どうして神棚や仏壇の前であんなに丁寧にお辞儀をして敬意を表したんですか？」と尋ねたら、「当たり前です。私たちのすべてを支えてくださっているのはご先祖様や神様ですから」と言ったというのです。そして食事が終わって、帰りがけに玄関まで送ってくれた時には、「今日はよく来てくださいました。どうぞお大切に」と言って見送ってくれたと。この「お大切に」という言葉を聞いた時にカンドウ神父は「ああ、日本人はあなたを愛しますという代わりに『お大切に』と言っているんだ」と実感したと、そう書き残しています。

江原　「お大切に」と相手のことを思いやる日本人の気持ちは尊いものだと、カンドウ神父は気づいたのですね。日本人でも気づかないのに。

鈴木　日本人だから気づかないのでしょう。日本人は日常の中で実にさりげなく大事なことを伝え合っている。こうした習慣が「静謐」という厳《おごそ》かな言葉に結びついているのだとカンドウ神父は分析したのではないでしょうか。

江原 奥ゆかしさは日本の文化なのですね。これもまた現代人がどこかに置き去りにしてしまったことの一つかもしれません。

鈴木 でも静けさの中に戻れば……。コロナウイルスの静かな時間は、今まで当たり前と思っていたこと、何の意味も見出さなかったことの素晴らしさに気づくための絶好のチャンスになったのだと私は思うのです。「聖なる静けさ」ですね。そして私たちがこのチャンスを生かすためには、「コロナで学んだことは、どんなことだったんだろう」と静かに考えて、きちんとした言葉で表現し、心に刻んでおくことが大切です。

人間は無力なんだから

鈴木 試練の時には「神も仏もない」などと考えてしまうかもしれませんが、そんなことはありません。自分はいつも守られているのだ、良い方向へと導かれているのだと信

自分はいつも守られているのだ、
良い方向へと導かれているのだと
信じることです。

じることです。根源的な宇宙とか、私でいえば神様ですけれど、そうした目には見えない存在に対する信頼心を持ち続けることが、試練を乗り越えるための大きな力になると思います。

江原　自分を常に見守ってくれている存在がいると考えれば、孤独だと落ち込むこともありませんし、なんといっても心強いですよね。

鈴木　結局のところ、ご先祖様とか、同時代を生きた人であっても自分より先にこの世から消えた人たちが見守ってくれているという感覚が、信仰心につながっていくのだと思います。

江原　そうした素朴な考え方や素朴な感性を日本人は昔から持ち続けているのではないでしょうか。これから先はさらなる勇気を持って、見えない存在に近づいて行くことが大切ですね。

鈴木　だって人は無力なんですから。自分で自分の命を作り出すこともできなければ、この世を去る時を決めることもできない。どんなに祈っても、親が命を投げ出して子を救うこともできません。命というものは自分ではどうすることもできないじゃありませんか。

江原　疑いようもないことですね。

鈴木　試練の時も決して腐らず、自分は守られているのだから大丈夫なんだと信じ、前向きに対処していく。そうすれば、振り返った時に、「あの試練があったから今がある」と言える日が必ず来ます。

江原　そうですね。試練の時とは、あとで振り返ってみれば転機です。悪く転ぶか佳《よ》く転ぶかは自分次第ですが、後々私たちが２０２０年を振り返った時に、コロナがなければこんなに良くならなかったといえる生き方をしたいものです。

コロナの渦中に戦争を思う

鈴木　私はコロナウイルスがいろいろと騒がれている時に、ふと戦争時代のことを回顧していました。長いこと戦争のことなど忘れていたのになぜだろうと考えてみたら、コロナと対峙することは、コロナウイルスに打ち勝つという意味で戦争なのですね。

江原　コロナにおける戦地に赴いた兵隊さんは医療従事者でした。命の危険も顧《かえり》みず治療にあたってくださった医療の現場の方々には頭の下がる思いです。

鈴木　本当にそうですね。慈悲の精神に敬意を表します。私たちもいつコロナウイルスに感染してしまうかという恐怖と戦いながら暮らしているわけですが、実は私が自粛生活の中で考えていたのは、戦争のようだとはいえ、現代人は恵まれているなということでした。

江原　ああ。

鈴木　私にしても空調のある部屋で、食事に困ることもなく、読書三昧の日々を送っていたのですから悠長なものです。幼少時代に体験した戦争では、何をしていても爆弾が落ちてくるかもしれないと生きた心地がしなかった。食べる物なんかありません。冬は凍えるほど寒く、夏は暑くて眠れなかった。気を紛らわせてくれる娯楽番組も、いつでも映画を観ることができるシステムもなく、ゲームもスマートフォンもなく、ただただ死の恐怖と向き合っていたのです。

江原　私を可愛がってくれた祖母は東京の下町に暮らしていて、米軍の爆撃機B29による大空襲を体験していたものですから、話には聞いていましたが、聞くと見るとは大違いだろうなと思います。

鈴木　東京大空襲は酷《ひど》かった。夜間に住宅の密集地を目標にして次々に投下された焼《しょう》夷弾《いだん》により、未曾有《みぞう》の大被害を被ったのです。いずれにしても戦争体験はその時代を生きた人の心のトラウマになっています。それでも私が一番はっきりと覚えているのは、家族と共にいるのだからという安心感です。このことから私は、どんなに大きな不安があっても、共にいる人があって、お互いに守り合うのだという信頼があれば、人はどんなことも超えられるのだと確信しています。

江原　心強いお言葉です。

日常生活に「小さなご縁」を見つける

鈴木　信頼関係でつながるのは、血縁関係のある人でなくても、夫婦でなくてもいい。ご縁のある人と自ずとつながることができるでしょう。

江原　ただ、人間関係を培《つちか》うのが苦手な人もいて、そうした人はなかなかご縁を手繰《たぐ》り寄せることが難しいように思うのです。これまで私は「家に引きこもっていては出会えるはずの縁にも出会えないのだから、どんどん出会いの場に参加しましょう」と伝えてきましたが、引きこもることを推奨する世の中になってしまい、これからどのようなアドバイスをすればいいのかなと。

鈴木　おっしゃる通り待っていても出会いはなく、ご縁を育むことはできません。でも私はわざわざ出会いの場に出向かなくても、日常生活の中の小さな心遣いが人と人を結びつける接着剤のような役目を果たすのではないかと考えています。たとえばコンビニで店員さんから商品を受け取る時に「ありがとう」と伝えるとか、宅配便の人に「お疲れ様です」と労《ねぎら》いの言葉をかけるとか。

江原　お言葉を返すようですが、コミュニケーションが苦手な人にとっては挨拶をかわすことさえハードルが高く、なかなか難しいかもしれません。

鈴木　ああ、そうなのですね。「ありがとう」と言われて嫌な気持ちになる人はいませんから、勇気を出して声をかけてみると良いのですけれど。無視されたらされたでいいじゃないですか。自分よりコミュニケーションの苦手な人がいるんだなと思えば。

江原　ワハハ。

鈴木　声をかけた時に返ってくる相手の笑顔を見たら、それだけで誰かとつながっている、あるいは社会とつながっている自分を感じて、心がポカポカすることでしょう。

天からのサインに耳を傾ける

江原　コロナによる自粛生活の中で戦争時代を思い出したというお話でした。とはいえ戦争から75年を経て、日本は大きく様変わりをしましたね。

鈴木　焼け野原を知っている身としては、短期間でよくここまで近代化を進めたなと驚くばかりです。日本人は本当に良く頑張りました。自粛生活の中でも自分の暮らす環境がいかに平和であるかを改めて、そして身をもって感じました。

江原　日本人は平和ボケしていた感もありますが。

鈴木　平和で悪いことなど何一つないと言いたいところですが、調子に乗ったり、油断をしたりしてはいけませんね。感謝が足りないのではないでしょうか？

江原　物質的に豊かな暮らしの中で、私たちがもっとも大切にしなければいけないのは何だとお考えですか？

鈴木　さきほども触れましたが、バランス感覚だと思います。バランス感覚が崩れた時にはサインが来ます。たとえば心と体のバランスが崩れると病気を発症するのです。熱が出たり、腹痛が起きたり、疲れやすくなったり、眠れなくなったりするのはすべて心と体のバランスが崩れているサインです。この場合のサインは天の配剤。ですから病を恐れるのではなく、病という天の声に感謝して治療にあたることが大切です。

江原　コロナは地球からのサイン。とするとコロナをただ恐れるのではなく、むしろ感謝して地球とどう向き合うかを考えなくてはいけません。ところが物質的な豊かさの中にどっぷりと浸《つ》かっていた現代人は、本質的なことを見抜く目が衰えています。

鈴木　本質的なこととは、この世で最も大切なものはお金で買えないといった真理のことですね。

江原　ええ。どんなに大きな家に暮らしても、どんなに高い地位についても、人の心はそれだけでは満たされません。むしろ物質に執着するのは寂しさの表れであることが多いのです。

鈴木　そのことに気づかなければ心のバランスを崩してしまうでしょう。いつの時も

「本当に自分はこれでいいのだろうか？」と自問自答することが大切です。そうすれば必ず答えを得ることができます。

江原　信仰を持つという話にも通じますが、天からのサインに耳を傾ける感性を備えることが大事ですね。

日本人に欠けているのは自尊心

江原　それにしても現代人は、なぜこんなにも我慢ができなくなってしまったのでしょうか？　上司に意見されただけで仕事を辞めてしまうとか、離婚にしてもそうですが、もはや、石の上にも三年という諺《ことわざ》は通用しません。

鈴木　でも私は現代の日本人は聡明だなと思っています。コロナに際しても清潔を保ち、国の要請にもきちんと従って大したものだなと。海外の方からも「秩序を守るのは日本の文化ですか？」と質問されることが多いです。

江原　海外の人から見たら、日本人は我慢強いと。

鈴木　私もよく我慢していると思います。

江原　大きく意見が分かれてしまいました（汗）。

鈴木　いえ、まだ続きがあるのです。我慢はしていると思うのですが、その反面、自分の考えがないように感じます。だから右へ倣《なら》えで「みんな我慢しているのだから」と納得している。実は忍耐力があるのではなく、人と違う行動をして悪目立ちすることを極度に恐れているのです。出る杭は打たれるのが日本の文化ですから。

江原　自分の意思を貫けないのは、自分に自信が持てないということでしょうか？

鈴木　自尊心に欠ける、と言ったほうがいいかもしれません。日本人の自尊心の低さって、謙虚とは違うんです。「自分なんてダメだ」って言いつつ、他者から「そんなことはないですよ」と言ってもらいたいのが前提で……。

江原　二枚舌だと。

鈴木　最初から自分の思うことをきちんと主張したほうがいいと思います。日本人に欠けているのは「人が何と言おうが、自分は自分でいいんだ」という信念。やはり自尊心ですよね。自尊心を高めていく必要があると思います。

江原　おっしゃる意味はよく理解できました。ただ、今の日本社会の中では自尊心の高い人は生きづらいのかなというのがあって。私がイギリスでお世話になった一家が帰国して再会した時に、ご両親は日本人だけどイギリス育ちで感性は外国人といった感じの息子さんが、当時、彼は高校生だったと思うのですが、「将来はどうするの？」と尋ねた私にこう言ったんです。「僕はAの道とBの道、両方のタレント（才能）があるから、どっちを選ぼうかと迷っているんだ」って。

鈴木　頼もしいですね〜。

江原　そうとも言えます。でも私は咄嗟《とっさ》に、彼は日本では受け入れられないかもしれない、と思いました。「背負《しょ》ってるな」ってことでイジメの対象になることも大いに考えられます。

鈴木　そうなんですよ。でもそうした価値観は世界のスタンダードではありません。日本には日本独特の良い価値観もたくさんありますが、自尊心の持ち方に関していえば改善する必要があるでしょう。そうしないと世界の中で「日本人はわかりづらい」と置き去りにされてしまいます。

江原　二枚舌では信頼を得難いですもんね。

鈴木　たとえばお母さんに「おたくのお坊ちゃんは活発でいいですね」と伝えると、「いえいえ、もう言うことを聞かなくて」と困った顔で言いますよ。それでいて日本人は他者に認められたい気持ちが強いのです。ならばそこは「ありがとうございます」でいいじゃありませんか。活発であることは長所なのですから、子どものいいところは認めなければ嘘です。それは自慢するのとは違います。もっといえば、謙遜する人に限って自信家とも言えます。

江原　確かに謙遜も度を越すといやらしい。むしろ傲慢さを感じます。

鈴木　まず、自分は自分でいいと受け入れる。人との違いをきちんと認識したうえで、どうすれば上手く調和していけるだろうか？　各々の個性を最大限に生かし合えるだろうか？　と考えるのが真のコミュニケーション。互いの個性を殺し合っているうちは成熟した社会とはいえません。このあたりに日本人の今後の課題が潜んでいると私は考えています。

責任を取らない人たち

江原　日本人は不都合な事が起きると何かのせいにして逃げる傾向にありませんか？もちろん全員ではないのですが。自粛中にテレビを観ていたら開店前のパチンコ屋さんの前で列をなしている人たちのことを報じていたんです。記者が「なぜ自宅にいないのですか？」と尋ねたら、悪びれた様子もなく、「いや〜、ストレスが溜まっちゃって」って。

鈴木　ストレスのせいにしてる場合かと思わず突っ込んでしまいました（笑）。ストレスって便利な言葉なんですねぇ。でも「なぜ子どもを虐待するの？」と質問して、「聞き分けがないからストレスが溜まって」と答えが返ってきたら冗談になりません。そこはきちんと自分の気持ちをコントロールしなくては。

江原　本当ですよ。カウンセリングをしていた時にもっともよく耳にする言葉は「でも」と「だって」でした。

鈴木　言い訳をしたり、自己正当化を図ろうとするのですね。そんな方にアドバイスをしても無駄だと思ってしまいますね。あら、相手が江原さんだから、うっかり油断して身も蓋《ふた》もないことを言ってしまいました（笑）。

江原　「でも」と「だって」は本当に聞きたくない言葉で。ビシッと言いたくなるんですよ。「でもあの人が」とあなたの言う「あの人」とは、類は友を呼ぶ「波長の法則」で引き合ったんですけど、って（笑）。しかも関わり合いを持とうと決めたのは自分のはずです。人生の中でトラブルが生じた時に、自分は１００パーセント被害者だと思い込んでいる限りは救われません。

鈴木　実は「我こそは被害者である」と訴える人に限って、最大のトラブルメーカーだったりするんですよ。

江原　お見通しですね。

鈴木　やはり何事からも学ぼうとする姿勢が大切です。誰かのせいにするのは簡単だけれど、それでは学びのチャンスをみすみす見過ごしてしまうことになる。もったいないですね。

江原　自らを省みることのできる人とは、責任主体で生きている人。責任主体で生きていれば、悪いことが起きても「自分の責任だ」と受け止めることができるのです。自分のせいなら仕方がないと流すこともできるでしょう。

鈴木　それもまた、先ほどお話しした「聖なるあきらめ」ですね。

日本人は「ストレス」を言い訳にしている

江原　ストレスの話に戻りますが、一説によれば、日本にはストレスという言葉が伝わってくるまでストレスという概念がなかったのだとか。

鈴木　言葉は概念を固定させてしまう力がありますよね。ストレスという言葉から、嫌な気配が外側から自分に覆《おお》いかぶさってきて、締めつけられてしまうとか、押しつぶされてしまうイメージを思い浮かべる人が多いのでは？

江原　不可抗力的な。

鈴木　ええ。だから自粛中にパチンコをしたくなるのもしょうがない、と言いたくなるわけでしょう？　よく考えてみたらストレスがあろうとなかろうとなのだけれど。

江原　責任転嫁をする人って徹底してますよ。百歩譲ってストレスのせいだとしても、はねのけることのできない自分が悪いという発想には至らないんですから。

鈴木　そこなんですよ。ストレスを感じたら、ストレスを受け止めて、はねのける力を備えなければなりません。

江原　果たしてどれだけの人がストレスを受け止めるとか、はねのけるといった発想を持っているでしょうか？　ストレスという言葉を言い訳がわりに便利に使っているだけで、ストレスの中身を分析しようとさえしていないのが実情ではないかと。

鈴木　このストレスはどこから来ているのだろう、とは考えないということですね？

江原　はい。それではストレスをはねのけようがないのです。仮に「なかなか資料がみつからないのがストレスなんだよな」って分析したとしたら、資料を整理すればストレスは解消されますよね。「なんだかわかんないけどストレスに押しつぶされそうだ」なんて誰かに愚痴ることに何の意味もありません。

鈴木　なるほど、江原さんのお話、興味深いです。でもストレスの原因は簡単に改善できるものばかりではありません。人と自分の価値観が違うことから生じるストレスなどは、正解がないだけに堂々巡りになってしまいがちです。そうした場合にストレスを受け止め、はねのけるために必要なのは自信ではないかと私は思います。自分は自分であっていいという自信があればストレスに負けることはありませんから。自分で自分を褒めて自信につなげていくことです。

江原　そうか。日本人はもっと自尊心を高めなくては、というシスターのお話は、ここにつながるのですね。

「ブレない精神」を手に入れるために

鈴木　ストレスの原因が人間関係にあるケースが多いと思うのですが、人は自分と同じ欠点を持つ人が嫌いだといいます。だとすれば相手を批判するのではなく、「人の振り見て我が振り直せ」で自分が変わればいいわけです。もっとも言うは易しで、決して簡単なことではありませんけれど。訓練が必要なんですよ。

江原　感情をコントロールする訓練が。

鈴木　そうです。油断しているとたちまち元の木阿弥《もくあみ》になってしまいますから。ただ根本的な精神力さえ鍛えておけば、ブレてきたなと感じた時に修正がきくということはあります。

江原　シスターの精神は修行で鍛えられたのでしょうか？

鈴木　ええ。今はなくなりましたが、私が修道院に入ってすぐの若い頃には修行が義務づけられていました。絶対に沈黙を通すことを8年間続けたのですよ。

江原　8年間も！　どういう過程を経て、どういう変化があるのでしょうか？

鈴木　言葉の沈黙はただ黙っていればよいのですから、大したことはないんです。苦しかったのは、頭の中に浮かんでは消える言葉を沈黙させることでした。聖書の言葉を唱えるなどして邪念を払うのですが、なかなか上手くいかず、自分の弱さを思い知らされました。

江原　はぁー。

鈴木　それ以外にも跪《ひざまず》いて一昼夜祈り続けるとか、結構大変な修行をしたんです。だからといって特別な変化を感じなかったので、「辛い思いばっかりして何の役にも立っていないじゃないか」と思っていたのですけれど、50年以上も経た最近になって修行をした甲斐があったと考えるようになりました。年の功かもしれませんけれど、どんなことが起きても一喜一憂しない心の強さを手に入れました。

江原　修行とは凄いものですね。

鈴木　でも、まだ修行は終わっていません。今だって私は常に自分の感情をコントロールできるわけではありません。イラッときたり、カチンとくることもありますよ。それは仕方がないんです。人間ですもの。ただ、そうした時にはグッと踏ん張って気持ちを切り替える。修行を通じて技術をマスターしたのではありません。感情をコントロールすることは可能だと知ったことこそが、習得したものだったのでしょう。自分で自分を律することができる、という思いが支えになっているのを感じます。

良縁も悪縁も両方大切

江原　この章の最後に「縁」の大切さについて語り合いたいと思うのですが。

鈴木　私は、人は縁のある人と出会うと思うんですね。ですから出会った人は本当にありがたい人。いい人ばかりではありません。意地悪をする人もいるし、気の合わない人もいます。けれど、どんな人であれ、出会ったことには意味があるのです。意地悪な人によって強くなることがありますし、気の合わない人の存在によって、この世にはさまざまな価値観を持つ人がいるのだと知ることができます。

江原　縁というとロマンチックなものを思い浮かべる人が多いのですが、良縁と悪縁は半分半分ではないでしょうか。良縁が悪縁に転じることもあれば、その逆もあります。

鈴木　出会いを良縁にするか悪縁にするかは自分次第と言えます。それにしても人生の中で出会うご縁というのは、ただならぬものですよ。だって世界中に77億の人がいて、その中で知り合うなんて。人類の長い歴史の中で同じ時代に生まれたのが奇跡。さらに同じ国に生まれたのも奇跡。しかも一億何千万人の中から知り合える人って極々《ごくごく》わずかじゃありませんか。その中からさらに仕事を一緒にしたり、ご飯を共にしたり、一度ならず二度、三度と会う人とは、たましいの家族だと思います。どんなに喧嘩をしても、憎み合っても、大嫌いだと思っていても、お互い深い縁があって、学ぶことも多く、人生を生きていく大きな力を与え合える。そういう目で見れば、誰に対してもありがたいなという気持ちで接することができます。

江原　私も同感です。たとえば家族で言えば、その家族に生まれたことにも必ず意味がある。親がろくでなしだとしても、それは反面教師として大切なことを教えてくれる存在だといえるわけです。

鈴木　親に虐待を受けて育った人もいますし、親に捨てられた人もいます。酒乱の父親のせいで家庭はメチャクチャだったと嘆く人や、支配欲の強い母親が憎いと訴える人もいます。けれど、やっぱりそれも縁のある人、その人の人生に必要だと神様がキャスティングした人たちなのですよね。ですから逃げられませんよと。とにかく、何を学ぶために出会ったのかを考えてみてくださいとお伝えします。

江原　神様はいろいろな縁を用意してくれていて、シスターのおっしゃるように縁のある人はみんな家族なんですよ。日本では「遠くの親戚より近くの他人」などと言ったりしますけれど、それは真理だと思います。縁とは扉であって、臆せず開くことでより深い縁を紡《つむ》いでいくことができる気がします。

鈴木　そうですね。

江原　本当に縁とは不思議なもので。シスターとも共通の知人がたくさんいましたね。どこからでもつながれたのだな、強いご縁があるのだなと思いました。本当にありがたいことです。

鈴木　こんなふうに対談本でご一緒できる日が来るなんて感謝です。「縁は異なもの味なもの」と言いますが、本当ですね。

第六章

老いること、死ぬことにどう向き合うか

自分のことばかり考えていませんか？

江原　考えてみたら、誰の人生も修行の連続ですよね。いろいろなことがありますから。病気の問題、家族の問題、お金の問題、仕事の問題、そして命の問題……。スピリチュアリズムの見解では、臆せずに苦難と対峙《たいじ》し、乗り越えることでたましいが磨かれる。つまり、たましいを成長させられると捉えています。

鈴木　素晴らしいですね。「苦労は買ってでもしろ」という言葉もあります。

江原　ただ苦労は「身から出た錆《さび》」であるケースがほとんどです。

鈴木　ああ、確かにそうかもしれませんね。自分の苦労だけを切り取って眺めれば被害者のように思うけれど、俯瞰して見てみたら自分が不幸の種を蒔《ま》いていたということがよくあります。

江原　身から出た錆としての苦労を背負ったとしても、それはそれで無駄な経験ではないと言えます。

鈴木　うーん。でも私はしなくていい苦労をする必要はないと思います。「気が進まないのだけれど、これも修行だと思って」などと言う人がいたら、「断ることも覚えなくては」と助言するでしょう。本当に必要な苦労なのかどうかを見極めて、覚悟を決めて苦労を背負うのなら話は別ですけれど……。何が言いたいのかというと、いつ、いかなる時も自分自身との対話が必要だということです。

江原　自分と対話するのは、自分の心を内観することですが、感情ではなく理性で自分の心と向き合えば、「ノーと言えないのは見栄のせいだ」と自分の弱さが見えてきます。そこからさらに「なぜ見栄を張るのだろう？」と掘り下げて自分との対話を進めれば、自分の寂しさや焦りが浮き彫りになることもあるでしょう。

鈴木　自分の深いところから答えを導くことなくして人生の歩みを進めることほど、愚かなことはありません。コロナによる自粛生活は、私たちが心の整理をするために与えられた時間だったように思います。「自分のことばかり考えていなかったか？」という天の声が聞こえます。

人が自殺を考えるとき

江原　死ぬときに、新型コロナウイルスの感染症が世界中に広がった2020年が人生最大のピンチだったと振り返る人も多いことでしょう。家族を失ったり、職を失ったり、経営していた店や会社が廃業へと追い込まれたり……。コロナの残した傷跡は深い。最初に申し上げたように、これから自殺者が増えるのではないかと、とても心配しています。

鈴木　ええ。やはり自分自身との対話が必要。「なぜ死にたいと思うのかな」「今、私が死んでしまったらどうなると思う?」「家族はどうなるのかな?」と自問自答を通して、まずは心を整理することです。

江原　自殺は「逃げ」だと捉える向きもありますが、私は「恨み」なのかなと。上手くいかないことを何かのせいにする思いが強いと、自殺という発想になるのかなって思うんですよ。「自分は天に見放されている」と思い込んだり……。実は私、恥ずかしながら若い頃に自殺しようと思ったことがありまして。

鈴木　ほー。要因は「恨み」だったと分析しているのですね？

江原　よく「将来を悲観して」などと言いますが、私は悲観してなどいなかった。幼い頃に両親を亡くし、経済的に苦しい時期が続いていましたし、視《み》える体質のせいで霊現象に悩まされ……。この世はなんて理不尽なのだろうと恨み辛みを募らせていました。その時に「これでダメなら死んでやろう」と思って始めたことが、今の私の道へとつながっているのです。

鈴木　人間の感情の中で一番爆発的な力を持つのは怒りだと言われています。そして怒りという感情は、当てつけてやりたいという衝動の源でもあります。

江原　当てつけで死んでやろうという発想自体、未熟だったなと思いますが、当時はそんなことは見えなくなっていました。

鈴木　それにしても貴重な体験をしましたね。自殺を考えた体験がなかったら、江原さんが死にたいと考える人の気持ちを理解することはできなかったでしょうから。

江原　私が自殺を考えている人にお伝えしたいのは、死んで恨み辛みを晴らしたところで、さほどのことにはならない、ということです。

鈴木　そうです、そうです。自分が損するだけです。生き続けていれば、世の中を見返すことだってできるかもしれないのに。江原さんがそうじゃありませんか。

江原　死なくてよかったです（笑）。今にして思えば、自分の苦しみを誰かに理解してもらいたい、という甘えがありました。でも誰かに理解してもらえたとしても、それだけで人生が好転するわけではないのです。大切なのは、自分が幸せだと思える生き方を模索して、ダメモトでもいいから歩み始めることだと思います。

本当に死にたい人なんかいない

鈴木　さきほど江原さんは「自殺を考えた時、自分の苦しみを誰かに理解してもらいたかった」とおっしゃいましたが、私はここに自殺を思いとどまらせるためのヒントが潜んでいるように思います。私はこれまでに何人もの自殺志願者と向き合ってきました。その限りで言えば、「死にたいから死にます」と言う人はいません。できれば死にたくなんかないのです。

江原 はい。

鈴木 誰かがじっくりと自分の話を聞いてくれて、苦しみを良く理解してくれたら死ななくて済むんですよ。

江原 自殺志願者を思いとどまらせる方法について、もう少し詳しく話していただけますでしょうか。

鈴木 私はアメリカの大学で自殺志願者を支援するためのカウンセリング方法を習ってきたのですが、極めて簡単。「死にたい」と言う人がいたら、「私はあなたの選択を尊重します。ただし死ぬ前に必ず私に会いに来てください」と伝えるのです。なかなか承諾しないのですが、「必ず来ます」と約束するまで帰しません。

江原 約束したら本当に「今から死にます」と告げに来るのですか？

鈴木 来るんですよ。多くの場合、上から下まで真っ黒な衣装で。本気ですから、もしもの場合に備えて誰かに頼んで部屋の外で待っていてもらいます。そのうえで「最後なのですから、言いたいことがあれば何でも言ってください」と誘導するのです。すると自殺志願者は「それでは最後なので話します」と前置きをしてダーッと話し始めるのですが、それを黙って傾聴する。何時間でもひたすらに話を聞きます。意見をしたり、質問をしたり、感想を述べたりしてはいけません。こちらが発して良いのは「そうでしたか」とか「うん、うん」といった相槌《あいづち》だけ。相手が「その時、死にたいと思ったんです」と言ったとしても、「その時、死にたいと思ったのですね」とオウム返しをするに止《とど》めます。

江原　かなりの忍耐が必要ですね。

鈴木　ええ。でも人の命を救うための活動ですから中途半端なことはできません。目の前の自殺志願者が「もう言いたいことはありません、すべてお話ししました」と言っても、「まだ言いたいことがあるのではありませんか？」と粘る必要があります。最初は恨み辛みがいっぱいなんです。でも全部出し切ると言いますよ、「死ぬのやめました」って。

江原　そうでしたか。

鈴木　ですから、やはり苦しい思いを理解してもらいたいのですよ。それは甘えではなく、本能に近いものではないかという気がします。いずれにしても怒りに満ちていた胸の内がスッとすれば、たましいの声が聞こえてきて心に響きます。そのタイミングを見計らって「心の声に従って生きていきましょう。私もサポートします」と声をかける。すると再び「死」を意識するようになった時には、私を訪ねてくるようになるのです。こうしたやりとりを経て、しっかりとした絆を築くことができれば、それは生きる希望になるのだと私は確信しています。

告白は心のデトックス

江原　私もカウンセリングの基本は傾聴だと思います。しかし、私の場合は特殊なカウンセリングなので、傾聴以前に相談者のことを視《み》てお伝えします。そのため皆さん驚かれるのですが、時にそれは相談者の依存心を煽《あお》ってしまうという悩ましい問題に直面したこともありました。このこともカウンセリングをやめた理由のひとつです。

鈴木　よくわかります。ご家族やお友だちに打ち明けることができればよいのですが、周囲に話を聞いてくれる人がいない方も少なくありません。そうした方の力になって差し上げたいとは思うのですが、難しい問題が山積しています。もっとも大きな問題は、今、江原さんがおっしゃった相談者の依存心を煽ってしまうということ。それから、先ほどもお伝えしたように、一人の人の話を聞くのに何時間もかかりますでしょう。しかもその人を本当に救うためには、一度や二度では済みません。自殺一歩手前にいる人の話はディープですので、こちらが心を乗っ取られたりしないように覚悟してかからないといけませんし。

江原　時間的にも精神的にも体力的にも難しいですね。やはり、人を自律に導くことの難しさを痛切に感じました。本書でも「周囲に自殺をしてしまうかもしれないという人がいたら、ぜひ、話を聞いてあげてください」とお伝えしたいのですが、無責任なことは言えないなと。

鈴木　依存する人はこちらが「大丈夫ですよ」と言うのを待っているのですけれど、自分から「大丈夫です」と言えるようにならないと……。ですから最後は自分で決めなくてはならないとしっかり伝えなくてはいけないし、傾聴する側も妙な勘違いをしてはいけないと思うのです。

江原　勘違い、ですか？

鈴木　ええ。「お助けマン」になろうなどとは思わないことです。自分ならこの人を救えるという驕《おご》りがあると、相談者と共依存関係になってしまいかねません。それは最悪のパターンだといえるでしょう。

江原　私は教会で行う告解《こっかい》が理想的だなと。

鈴木　そうですね。告解と聞くと、教会の小部屋の中で顔の見えない相手に向かって、「私は罪を犯しました」と告白する人の様子を思い浮かべる人が多いかもしれません。けれど告解とは、話したいことを何でも話し、心のデトックスをする機会。罪の告白であっても、傾聴する側は「本当に心を改めていますか？」と確認して、赦しを与えるだけですから。

江原　傾聴してくれるのは、むしろ知り合いではないほうがいい場合もありますよね。人知れず葛藤し、立ち直るほうが尾を引きませんし、顔も知らない他人には依存しづらいでしょうから。それでいて告白する人は、心のデトックスをしつつ、心の整理をしている。告解のシステムって凄いですよね。

鈴木　告解では実際に聞いているのは司祭ですが、神様に話を聞いていただいているというのが前提ですので、それだけでありがたい。告白する機会を与えられただけで救われた気持ちになるのです。

江原　話を聞いてくれる人がいないという孤独な人であっても、神様は聞いてくれますから。

鈴木　本当に。

「あなたのために祈ります」

江原　シスターのもとには自殺志願者だけでなく、さまざまな悩みを抱えた全国、全世界の方からのたくさんのお便りが届くのでしょう？

鈴木　そうですね。「余命を宣告された家族のために祈って欲しい」というような、命にかかわることが多いです。ＮＨＫのドキュメンタリー番組の中でも紹介されましたけれど、私は「その方の命が助かりますように」とお祈りしますが、それ以上に、「その方にとって一番良いように、はからわれますように」と祈ります。死が避けられないときは、「その方が死を受け入れることができますように」と祈るのです。

江原　番組は大きな反響を呼びましたね。死は罰ではなく、日常の延長線上にあるものだというシスターのお考えに癒やされた方がたくさんいらしたことでしょう。

鈴木　経済的な悩みを打ちあける手紙も多いです。私たちはお金を工面して差し上げることも、物質的な援助もできません。修道院で暮らす私自身、一切の物を持っておりません。

江原　はい。

鈴木　私には祈ることしかできないのです。そうした中で、こんなケースがありました。ある時、お医者さんの紹介で出会った男性は船乗りさんで、航海に出て長いあいだ家に帰らない生活を定期的に送っているということでした。男性には小学一年生の息子がいて、「パパ、一緒に連れてって」とせがまれ、苦悩しているというのです。というのも奥さんが重度の統合失調症で、ひどく感情的に息子のことを叱るので妻のところに置いておくのは可哀想だと。といって子どもの面倒をみてくれる親戚もいないと。

江原　うーん、深刻ですね。

鈴木　私も出口がない問題だと思いました。それで「私のできることは祈ることです。これから毎日あなたのためにお祈りします」って言ったんです。そうしたらその人は信仰心があるわけでもないのにワァーッと泣き出して。「この世の中に毎日自分のことを思って祈ってくれる人が一人でもいてくれるだけで力が出ます」と言って帰って行きました。結局のところ、その方は奥さんを病院に入院させて、息子さんを施設に預けることにしたそうです。「シスターが神様に祈ってくださっているのだからと勇気が出て、決意できました」と綴《つづ》られた手紙を読みながら、本当に嬉しい気持ちになりました。

優しさと偽善の境界線

江原 いつも思うのですが、優しさは難しいものですね。偽善との境界線が曖昧というか……。ともすればカウンセラーが相談者を依存させてしまうという先ほどの話にしてもそうです。相談者は親身になって話を聴いて欲しい。けれど、本当はカウンセラーから耳の痛いことを言われるほうが、自分のためになるのですから。

鈴木 「大丈夫ですよ」と言ってもらえたら安心するんでしょうね。でも、その安心はその場かぎりで、すぐに元の木阿弥になってしまいます。それは真の愛ではないでしょう。自分で解決する力を持たせることですよね。

江原　逆に「毎日、あなたのことを祈ります」というのは、悩みを即座に解決する術はないとドライに突き放しているようでいて、実は物凄く大きな優しさですよね。

鈴木　どこでもできるのが祈りのいいところです。三密を避けて教会での礼拝はお休みになりましたが、修道院のエレベーターの中で祈っていました。それこそ密にならないようエレベーターには一人ずつ乗りますし、この方のお祈りはエレベーターの中でと決めておくと忘れませんので。とにかく約束は絶対に守るのです。

江原　シスターの想いが相談者の心の変容を促すのでしょう。

鈴木　江原さんも毎日お祈りをしておられるのでしょう？

江原　はい。私にとって祈りは料理に近いのです。漬け込まないと味が出てこないという点において。

鈴木　アハハ、そうですね。想いを込めて熟成させて、そうして自分の心を見つめて回心すべきところは回心する。お料理と一緒で、そうした過程も充実した時間ですね。

江原　自分の中に神様がいる人は強いですよ。

鈴木　でも神様って、だいたいにおいて祈った通りにはしてくれないんです。望めば叶《かな》えてくれるのではなくて、そのためにどうすべきかを諭してくださる。苦難の道へと導き、真心を試すこともなさいます。

江原　愛の鞭《むち》ですね。

鈴木　「事業が上手くいきますように」と祈ったとして、表面的な利益を望めば、反対のことをもたらされて、絶望の淵に突き落とされることがあるかもしれません。けれど、信じて支えてくれる人や悲しみに寄り添ってくれる人の優しさに触れ、一人では何もできないことを知る。目先の利益に惑わされることなく、ひたすらに働いてお世話になった人たちに恩返しをしたいと心に誓う時、神様はスッと手を差し伸べてくださるでしょう。生きていくというのは一つひとつ成長して、死ぬまで成長していくこと。その過程において、天からいろいろなことが与えられるのだと理解していくことが大切です。

でも神様って、だいたいにおいて
祈った通りにはしてくれないんです。

意地を張らずに知恵を絞る

江原　宗教に関する価値観もそうですが、互いの考え方の違いであるとか、互いの個性を重んじながら協調し合って生きていくのは簡単なことではありませんね。宗教が原因で戦争が起こる悲しい現実もあります。それだけに価値観の違う一人ひとりがどう結びつき、どう価値観を活かし合うか。そこに焦点を合わせていくことが、これからの時代、大切なのではないかと思うのですが、いかがでしょうか？

鈴木　同じことを考えていました。ちょっとよそ事になりますけれど、私の親しい方で、奥さんは家族のことばかりに熱中している。ご主人はゴルフに熱中しているというご夫婦がいます。週末になると決まって「家族で一緒に過ごして」「いや、今日はゴルフだから」と大喧嘩になってしまうと言うのです。私に連絡があって助言を求められたので、お互いが大事にしていることを尊重しながら、衝突せずに暮らすにはどうしたらいいか工夫してみたらどうかと伝えました。

江原　お互いに自己主張することしか考えていなかったわけですね？

鈴木　そう。意地になって。でも、いよいよ関係性が深刻になったのでしょう。奥さんのほうが知恵を絞って、「私の里の近くにゴルフ場ができたから行ってみたら？」とご主人に持ち掛けたそうです。その間、自分と子どもたちは実家へ行ったり、買い物に行ったりするからと。その結果、一緒に行くことにしたそうです。

江原　どうなりましたか？

鈴木　良い結果になりました。お互いに自分が大事にしていることを活かしつつ、相手も満足のいく時間を過ごすことができたと。

江原　私たちも不満ばかり言っていないで、どうすれば多様な価値観を活かし合うことができるか知恵を絞らないといけませんね。

鈴木　これまで満員電車に揺られて通勤するのが当たり前、残業するのが当たり前だったところから、コロナを機に変えていく。すでに始まっていることですが、もっともっと人間らしい暮らしを心がけ、そのためにはどう生きたらいいのかを真剣に考える時だと思います。

忖度《そんたく》しすぎる必要はない

江原　私たちが人間らしい暮らしを心がけるうえで大切なことは何でしょうか？

鈴木　日本人は周りのことにばかり気を遣って、自分の思いを殺してまでも相手に合わせる、そうして波風たてないように生きるのが美徳だと考えてきました。協調性は大切ですが、協調性を高めることに注ぐエネルギーが多すぎて、一番大切な自分らしさを殺しているのでは本末転倒です。

江原　自分らしく生きるより、忖度《そんたく》をして群れを成し、高みを目指して走り続けるなどというのは、正気の沙汰ではありません。ところが日本は高度成長期からの麻薬がずっと続いてしまっているような風潮があって。日本人はバブルがはじけても本質的なことに目覚めなかった。リーマンショックでも、東日本大震災のような大きな出来事が起きても、まだわからず。

鈴木　立ち止まって考えなくてはと思った人は大勢いましたけれど、喉元過ぎれば、でね。でも神様は、再び私たちに考える機会を与えてくださいました。

江原　感染を防ぐために人との接触をさけ、できる限り外出をしないなど、人と人との絆を全部遮断《しゃだん》されてしまいましたが、このことにも意味があるのでしょう。各々が静かに自分の心と向き合い、さまざまなことに対する自分なりの答えを出してくださいという天からのメッセージを感じ取ります。

鈴木　そうですね。

江原　フランスでは、都会で仕事を失い農業に転職する若者が増えているのだとか。

鈴木　いいことです。自然が教えてくれるものは大きいでしょうから。植物を育てることを通じて、必ずや命の問題を考えますから。

江原　ですから私は、自然に触れること＝信仰だと思うのです。ミレーの「落穂拾い《おちぼひろ》」もそうですが。あの絵に描かれている3人は農婦というだけでなく、最も貧しき人だと。旧約聖書に出てくる律法では収穫時に畑の隅まで刈り尽くすことが禁じられ、貧しい人のために残すよう記されています。ミレーの「落穂拾い」には「助け合いの精神」という隠れテーマがあると考えられているのだとか。

鈴木　農業は感謝に通じています。作物が育って歓喜するのは自然に対する賛美であり、賛美の心が大きくなると感謝になっていく。そして人間の心の中心に感謝がある時が、私たちが一番幸せに近い位置にいる時ではないでしょうか。

江原　そう思います。

安らかに年をとる技術

鈴木　日本が超高齢化社会を迎えて久しいのですが、これからますます長生きする時代になります。そこで、老いることについてもしっかりとお話ししたいのですが、江原さんは老いることについて、どう考えていますか？

江原　私も日々老いを感じておりますけれど。

鈴木　何をおっしゃいます。50代の方にそんなことを言われたら困ってしまいます。

江原　大変失礼いたしました！　でもここへ来て本当にガクンと体力が落ちました。集中力が続かなくなってきましたし、老眼も進んできました。ただ、精神的な部分では楽になってきたなと感じています。さまざまな出来事にいちいち右往左往していたところから、「ハラハラしても不毛だろうな」を経て、「悩むことには何の意味もない」と断言できるようになり、今は野となれ山となれの心境です。

鈴木　日本には「老い」に対して恐怖しかないと言う人も大勢いますね。

江原　日本には四季があり、日本人は春夏秋冬のどの季節も美しいと感じる感性を持っているのに不思議ですね。実際にどの季節も素晴らしい。秋に紅葉が真っ赤に燃ゆるように、年を重ねて叡智が燃える。そうした自然の摂理の中を人も生きて行くのだと受け止めることが大切だと思います。ところが、物質的に豊かであればあるほど若さにしがみつこうとする。若さをお金で買い戻そうと躍起になるのは心が満たされていない証しではないでしょうか。

鈴木　私の大好きな詩があるので紹介させてください。上智大学の学長を務めたドイツ人のヘルマン・ホイヴェルス神父が友人から贈られた、「最上のわざ」というタイトルの詩です。

この世の最上のわざは何？
楽しい心で年をとり、働きたいけれども休み、
しゃべりたいけれども黙り、失望しそうなときに希望し、
従順に、平静に、おのれの十字架をになう。

若者が元気いっぱいで神の道を歩むのを見ても、ねたまず、
人のために働くよりも、謙虚に人の世話になり、
弱って、もはや人のために役だたずとも、
親切で柔和であること。

老いの重荷は神の賜物、

古びた心に、これで最後のみがきをかける。
まことのふるさとへ行くために。
おのれをこの世につなぐくさりを少しずつはずしていくのは、
真にえらい仕事。
こうして何もできなくなれば、それを謙虚に承諾するのだ。

神は最後にいちばんよい仕事を残してくださる。
それは祈りだ。
手は何もできない。けれども最後まで合掌できる。
愛するすべての人のうえに、神の恵みを求めるために。

すべてをなし終えたら、臨終の床に神の声をきくだろう。
「来よ、わが友よ、われなんじを見捨てじ」と。

「最上のわざ」

この詩は「年を取る術《すべ》」を詠《うた》っているのです。結局のところ、年を取ることは、執着を一つずつ手放していくこと。いつまでも元気でいたい、いつまでも愛する人と共にいたいと願えば願うほど老いることが怖くなるのです。けれど寄る年波に抗《あらが》うことはできません。受け入れていくしか術がない。昨日までは自由に歩けたのに今日は膝が痛いとか、今日は足で立って歩けたのに明日は歩けなくなるといった具合に、私たちは少しずつ体を天にお返ししていくわけですので。

江原　天にお返ししていくと捉えておられるのですね。

老いるとは手放していくこと

鈴木　それと同時に、どんなに手放すのが辛くてたまらなくても、手放す日が来ることを受け入れる。何にでも終わりが来るのだと。それは誰もに平等に与えられた人生の条件だと達観する。それが人生の最後を実らせていくのです。江原さんはまだ若いからピ

ン と来ないかもしれませんけど、時が経つのはわりあいと速いなというのが私の実感ですね。

江原　光陰《こういん》矢の如《ごと》しでね。私も講演会などで言うんです。「ボヤボヤしていると、すぐにお迎えが来ちゃいますよ」って。凄くウケるんですよ。本当のことなのに(笑)。

鈴木　もちろん「あー、嫌になっちゃうな」って思うことはありますよ。どういうわけだか自分の日常生活の中で必要としているものから順に手放さなければならないわけですよ。手が動かなくなるとか、記憶力が低下するとか。でも誰のせいにもできない、静かに受け入れていくしかない辛さですね。

江原　シスターのような聡明な方であっても「嫌になっちゃうな」と感じておられることを知って、楽になりました。

鈴木　それでも私は、いつの時も「今」が一番いいなと思ってきたし、今も思っています。先ほど江原さんがおっしゃったように、春には春のよさがあるし、夏には夏にしかできないこと、秋には秋にしか見ることのできない景色があるし、冬の静謐なひとときも素敵じゃありませんか。季節感を楽しまなければ損です。

江原　本当にそうですね。コロナで学んだことの一つが、いつ何が起きても不思議ではないということです。私の周囲には「10年後の心配をするより、今日を大切に生きることに徹しようと思った」と言う人が珍しくありません。

鈴木　それが天国へ向かうための訓練ですよ。訓練がいるんですよ、佳く死ぬためには。未来に対する不安を手放して。自分を卑下しないで生きていくことが大切です。なぜって「自分なんて」と考えるのは神様に失礼なんですよ。神様は私たち一人ひとりを完璧な作品としてこの世に送り出してくださったのですから。自分の存在が決して自分だけのものではなく、神から託された存在であることを忘れてはいけません。

迷惑かけたっていいじゃない

江原　いつの時も真理は一つです。ですから「死」に関するシスターのお考えや、私がスピリチュアリズムを通してお伝えしたいことは、コロナの前であっても、コロナ後の今であっても変わりません。ただ、世の中の「死」との向き合い方は様変わりしたのではないでしょうか。コロナ以前には「誰にも迷惑をかけたくないから、安楽死をしたい」などという著名人が現れて、物議を醸《かも》していました。

鈴木　テレビで「安楽死」をテーマにドキュメンタリー番組が制作されたりもしていましたね。

江原　「安楽死」と「尊厳死」を混同している方も多いようでしたが、「尊厳死」は痛みのコントロールをしながら、積極的な治療をせずに最後まで生きること。一方、「安楽死」は「自死」を意味するのです。

鈴木　先ほどご紹介した「最上のわざ」という詩の中に「人のために働くよりも、謙虚に人の世話になり」とありますが、この謙虚さを覚えることもたましいの成長です。老いたから安楽死を選びたいというのは、人生最後の大きな学びを放棄することになります。佳く死ぬために必要なことなのに、放棄してはもったいない。

江原　そういうことを言っていた高齢者であっても、感染したくないからとしっかりとマスクをして、きっちりと自粛生活を送って……。いや、それはいいことですが、ちょっと矛盾しているというか。

鈴木 そんなものですよ（笑）。

江原 やはり異常事態だと、安楽死という発想は吹き飛んでしまうのでしょうか。

鈴木 戦争中は自殺する人などいなかったといいますからね。あんなに食べ物もなく、あんなに恐怖に包まれてたのに。生きるのに必死だったからでしょう。

江原 私たちはつい、ゆったりと生きることを目指してしまいますが、実は生きるのに必死になるのは素晴らしいことです。暇でいいことはあまりない。死に方についてあれこれ考えるのも、こう言ってはナンですが、暇な証拠だと思うのです。

鈴木 ウフフ。コロナの前には「孤独死」なども随分と話題になっていたのではありませんか？

江原 「孤独死」に関する報道は、人を怖がらせるだけ怖がらせて、非常に悪趣味だなと思って観ておりました。孤独死＝腐敗して発見される、みたいな。

鈴木 孤独死した方に対して失礼なんですよ。人は誰しも一人で生まれ、一人で死んでいくのです。どんなに大勢の家族に看取られても、一人で死んでいくのです。それでいいのです。孤独死をする人は罪を犯したから寂しい末路になったわけでも、佳く生きなかったから罰があたったわけでもありません。

江原 コロナでも最後に家族にも会えず、孤独な死を余儀なくされた方々がいました。厳しい現実ですね。「ああ、こういうことになるのか」と私も愕然として。このことに限らず、看取れなくて申し訳なかったと罪悪感を抱く遺族は多いのですが、大切なのは気持ち。あの世に帰った故人のたましいは、すべてを理解しています。

「いつ死んでもいい」は傲慢

鈴木 コロナは命の問題を見直す機会にもなりましたね。

江原 「死ぬのは怖い」と言う人がいますが、その怖いが「畏怖」という意味の怖いであるなら私はいいと思うのです。

鈴木 わかります。私も「自分はいつ死んでもいい」とか、「90歳になる前に死にたい」などと言う人は傲慢だと思います。そんなことは神様の決めることですから。四の五の言わずに生きてくださいと。

江原　ワハハ。今回のコロナのことでも、死と背中合わせであると自覚したところから、生きることに対する謙虚さを見出すことができれば、大きな学びを得たことになるでしょう。今まで当たり前に思っていたことに感謝したり。一歩踏み出す勇気がなかったことを「こうなったら思いっきり挑戦してみよう」と始めてみたり。「ダメならダメで、ダメを楽しもう」と図太さが備われば、儲《もう》けものだなと。

鈴木　でも、それが本当でしょうね。だって「死んだ気になってやる」っていう言葉もあるじゃありませんか。自分で命を絶つのは勇気のいることです。その勇気があったら、本当にどんなことでもできてしまいそう。

江原　死ぬ気で生きると。

鈴木　どのみち、お迎えは来るわけですから、だからこそ、「失敗したらどうしよう」「恥はかきたくない」などと躊躇《ちゅうちょ》している時間や、あれこれと後悔したり、迷ったりしている時間が惜しいのです。

死後の世界ってどんなもの？

江原　自殺したい人がいる一方で、死ぬのが怖いという人もいます。シスターは「死」をどのように捉えておられますか？

鈴木　「死」は「生」の延長線上にある出来事だと考えています。特別なことではなく、朝になると起きて、身支度をして、食事をして、仕事をして、お風呂に入って一日が終わると、床に入る。ある日、そこに「死」が加わるというイメージ。イレギュラーなことだし、体験したことがないから怖いと感じてしまいがちですが、死ぬ瞬間に自覚なんてないのです。だって夜寝る時は知らないあいだに眠りに落ちているではありませんか。

江原　そうですね。

鈴木　病気の痛さとか苦しみは嫌ですけれど、死ぬこと自体は怖くありません。呼吸が止まって、あとはもうあの世は絶対に幸せそのものの世界だと確信していますから。それこそ江原さんの領域の話ですけれど。

江原　亡くなり方は千差万別ですが、昏睡状態から臨終を迎えるケースで言えば、昏睡状態とは幽体《ゆうたい》（肉体）から霊体《れいたい》（たましい）が徐々に離れようとしている状態。幽体と霊体は無数のシルバーコードでつながっているのですが、コードが少しずつ離れていき、最後につながっているのはへその緒あたりから延びている太いコードです。このコードが切れると「死」を迎えます。傍目《はため》には苦しそうに見えることもありますが、着ぐるみを脱ぐ時に汗でなかなか脱げずにもがいているような感じだと理解していただければよいと思います。そのあとはスーッと。シスターはご著書で臨死体験をされた時のことを書かれていますね。

鈴木　はい。40代の時のことです。旧宮家の別荘だった家のものすごく高い階段の二階から落下しまして。気づくと私は広い部屋の中央で宙に浮いている巨大な蓮の花の台座の上に立っていたのです。その様子をもう一人の自分が斜め上から見下ろしているのですね。そうして蓮の花びらが一枚落ちるごとに、自由になるのを感じて。「世の中のしがらみから自由になった」とたとえようのないほどの歓喜を伴っていて。最後の一枚が落ちるのを待っていました。

江原　でも、こちらの世界に戻って来られた。

鈴木　あんまり気持ちのいいところなので、帰りたくないと思いました。でも蓮の花の最後の一枚が落ちる寸前に、台座にいる自分と上から眺めている自分が合体して飛翔し、目の前に現れた光が「戻りなさい」と言葉ではなく、テレパシーのように語りかけてきて。それと共に「生きるうえで大切なのは『知ること』と『愛すること』です」というメッセージも受け取りました。以来、私は膠原《こうげん》病が完治し、そればかりか人との一体感を感じる力を与えられたのです。会った方で体のどこかに悪いところがあると、その部分を感じるようになりました。

江原　人を癒やすお役目を与えられたのでしょう。貴重な体験をなさいましたね。

鈴木　おかげさまで、「死後の世界は素晴らしいところですよ」と自信を持ってお伝えすることができます。

「死」を楽しみにして生きる

江原　私の理想的な「死」というか、理想的な死に向かう生き方がありまして。

鈴木　ぜひ、聞かせてください。

江原　子どもって元気いっぱいに動き回って、コテッと寝ますよね。今しがたまで走り回っていたのに、もう熟睡している。人生も同じで、精一杯やるだけのことをやってコテッと死にたいです。

鈴木　懸命に生きれば熟睡できると。いい話を伺いました。「死」を楽しみに今を精一杯に生きるって素敵だと思います。私の元には愛する人を失って打ちひしがれている方からのお手紙がたくさん寄せられますが、故人のことは心配しなくていいですよとお伝えします。だからもう嘆き悲しむところから次の段階へ移ってくださいと。身内が亡くなったあとは泣けるだけ泣いて。「寂しい」と言って号泣して。でも泣き終わったら、それで終わり。

江原　ええ。いつまでも嘆き悲しんでいると、故人のたましいが心配してあの世へ旅立てなくなってしまいます。

鈴木　亡くなった方は愛する家族の悲しむ姿なんて見たくないはずです。それよりも天国から亡くなった方が見守ってくれるから、「私はこんなにちゃんと生きてます」と胸を張って言えることが大事です。

江原　「死」にきちんと向き合えば、どう生きるべきかが見えてくるのです。私も死ぬのは怖くはありません。死ぬことは「ハレルヤ！」だということは火を見るよりも明らかなので。私的にはですけれど（笑）。さらに最近では、生きることも怖くなってきました。人生って泣いたり、転んだり、ムッときたり、そういうことも含めていろいろなことがあるから楽しいのだなと思えてきて。

鈴木　そうです。嫌なことがあるから、楽しいことがあった時に感謝できるのです。

江原　あの世へお里帰りしたら、転ぶことはないのだし。嫉妬心や憎しみや悲しみのない世界、あの世にはお金の概念もありません。だから生きているうちに、さまざまなこ

私にとって「死」はショートケーキでいうところのイチゴ。
お楽しみは最後にとっておくタイプでして。

とを体験しておきたいなと思うのです。

鈴木　人間らしく生きるってそういうことです。

江原　「死」を超えたあとの心配はまったくしていなくて、私にとって「死」はショートケーキでいうところのイチゴ。お楽しみは最後にとっておくタイプでして。スポンジから食べているとイチゴにたどり着くのが楽しみで（笑）。

鈴木　ケーキを楽しむように生きるのはいいですね。

第七章

人は傷つきながら成長する

試練のときこそ感謝する

江原　いろいろなことがありますが。正直、コロナもきついけれど、これも一つの経験だと思って。今を生きる私たちは、非常に貴重な体験をしています。

鈴木　そうです。コロナは世界史に残る大事件であり、私たちは生き証人なのですから。経験値が高まることとは、学びが増えるということ。神様に愛されているということです。これまでにも触れましたが、私たちが迷いの中にいる時、あるいは苦しみの中にいて出口を求めている時、祈りを捧げても神様は直接的には答えてくださらない。けれど誰かがさりげなく言ったひと言で目が覚めたり、たまたま手にした本の中に解決の糸口をみつけたり。そうして偶然を装って大切なことを伝えてくださることがあります。それに気づけるか、気づけないか。

江原　神様は私たちの声を聞いてくださっています。このことを信じられるか、信じられないか、ここが分かれ道です。

鈴木　聖書の中に「聞き届けられない祈りは、一つもない」と書かれています。ちゃんと訴えを聞き留めて、けれど先ほどもお話ししたように、その人の望みとは反する導きをなさることが多いのです。

江原　たましいの成長を促すために。

鈴木　それなのに教会や神社でお願い事ばかりして。多くの人が逆走しているのではないですか？　望みを手放せば道が拓けていくのに。

江原　深い話です。

鈴木　苦しみの真っただ中にいる人は、試練の中に神様のどんな恩恵がこめられているのかがわからないから、受け止められなかったり、苦しんだりします。でも結論から言えば、起きていることにはすべて意味があって、どんな経験も必ず自分の役に立ってくれます。それはあとになってわかること。年月が感謝をもたらしてくれるのですけれど……。いずれ感謝するなら今から感謝しておくほうが合理的だと思いませんか？

江原　アハハハ。合理的に学ぶのはアリなんですね？

鈴木　それも生きていくために必要な知恵です。具体的に言えば、どんなに辛いことが起きても感謝すると決めてしまう。いいことがあるから感謝するのではなくて、感謝していると良い流れが生まれるのです。

江原　それは真理だと私は今、膝を打つ思いです。無知とは恐ろしいことですね。恨み辛みを言っていたら、恨み辛みの人生になってしまうのですから。

鈴木　人には死ぬまで、認知症になろうが何をしようが生きたいという気持ちがあります。生きたい気持ちは成長したい気持ちと同じ。つまり誰もが人として成長し、円熟していくことを目指して生きている。人と比べて立派なのではなく、立派に人間らしく生きていきたいと誰もが願っているのです。

江原　傷つきながら成長していくわけですが、ダイヤモンドは傷つけることで輝くといいます。同様に人のたましいも苦難によって傷つくのではなく、磨かれるのです。たましいと叡智は似ていますよね。無知も磨くと知に変わります。

鈴木　心の痛みと共に蒔かれた知の種は、長い年月を経て成長し、叡智となっていくのです。ですから苦しいことから逃げてはいけません。今が正念場だと思ってグッと踏ん張る。ああ、今、自分は磨かれているんだなと思って、感謝なんかする気になれなくても感謝する。あとのことは心配しなくても大丈夫なんですよ。神様の采配によって、人は誰も知らず知らずのうちに最良の選択をしているのですから。

腹が立ったら「ありがとう」と唱える

江原　感謝することによって良い流れが生まれるという話なのですが、これは本当にやってみる価値があると思います。「ありがとう」って言うだけで空気が変わりますから。言霊《ことたま》の力は凄いのです。

鈴木　私の知り合いの話をしてもいいですか？　ちょっと長くなってしまうかもしれませんけれど。

江原　ぜひ、お願いします。

鈴木　その方のことを仮にAさんとしますね。Aさんは何もないところから会社を作り上げて大成功を収めていました。そうしたところにイタリーの青年が入ってきて、バリバリ働いてくれるものだからAさんはその青年のことを本当に可愛がっていたのです。ところがAさん、早い話がイタリーの青年に会社を乗っ取られてしまったんです。それですべてを失ってしまいました。

江原　飼い犬に手を噛《か》まれたわけですね。それほど悔しいことはありません。

鈴木　ですから怒り心頭で。もう憤懣《ふんまん》やるかたなく、山の中で暮らすお坊さんのところへ訴えに行ったんです。そうしたらそのお坊さんが「ああ、そりゃおめでとう。感謝だね」と言ったと。「ありがとうと言いなさい」って助言されたAさんは「何を言っているんだ」と思いながらも、他に気持ちを収める術もない。それでお寺から帰る道すがら「ありがとう、ありがとう」って怒りながら言い続けていたそうです。その後も何かをしていないと頭がおかしくなると思って、朝から晩まで言い続けていたところ、ある日、町でバッタリとイタリーの青年に会ったのですって。

江原　えー。Aさん、なかなかに引きが強いですね（笑）。

鈴木　まだ日本にいたのかと思って、殺してやりたくなったらしいのだけれど、その時は逃げられてしまいました。それでますます怒りに拍車がかかって、怒りを発散するために「ありがとう、ありがとう」って言い続けていたら、心の中で「ありがとう」と言うのがすっかり癖になってしまい、気づいたらイタリーの青年の顔を思い浮かべても何とも思わなくなっていたと言うのです。

江原　ほー。

鈴木　私が思うには「ありがとう」と言い続けることで無の境地になったというか、座禅をしてるようなものだったのかもしれませんけど。とにかく「あれ？　彼のことを思っても、怒りが消えちゃったな」と、そう思った途端に玄関のドアが開いて。

江原　まさか。

鈴木　そのまさかなんですよ。イタリーの青年が自分の家の玄関で土下座して謝って、「全部、会社を返します」と言って帰ったというのです。実際にそういう人がいるんですよ。

江原　これから私も、腹が立ったら感謝するようにします（笑）。一日に何度もありますから、ずっと「ありがとう、ありがとう」と言い続けていることになりそうです。

鈴木　いいじゃないですか。「ありがとう、ありがとう」と言いながら歩いている人に悪いことしようと思う人はいませんから。お祓《はら》いみたいなものです。

江原　気味悪がられそうですが（笑）。

人生に落第はない

鈴木　他者を赦すのは人生の中でも大きな修行の一つだと私は思います。ですからAさんは素晴らしい学びを得ました。結局のところ、神様は決して一人ひとりを見捨てないで、いつも一緒にいてサポートしてくれている。「あなたならできるよ。やってごらん？」と言って、学びのチャンスを提供してくださるのです。

江原　Aさんは人を赦す学びを得たわけですが、この「他者を赦す」も、これからを生きるための大きなテーマだと思います。多くの人に言えることですが、「赦せない」という感情に翻弄されている時間が長すぎるのです。でも、赦すも赦さないもない。人は人を裁くことはできないのですから。裁けば自らも裁かれることになる。「人を呪わば穴二つ」という諺では人を呪えば呪い返されると説いていますが、人を呪うことは自分を呪うことに通じます。つまり、人を赦さないのは自分を赦さないことと同じです。

鈴木　「赦さない」と息巻いている人は相手が悪いと決めつけているわけですが、本当にそうでしょうか？　Aさんにしてもボンヤリしていたからイタリーの青年に会社を乗っ取られてしまったのでしょう。油断していたのかもしれないし、胡坐《あぐら》をかいていたのかもしれないし、調子に乗っていたのかもしれません。

江原　でも、そういう自分の落ち度に気づかせてくれたから感謝なんですね。

鈴木　Aさんも感謝して、改心したと言っています。昔は会社を大きくすることに熱中していたけれど、今はそんな欲はないと。

江原　いい話です。

鈴木　ただ後日談があるのです。Aさんはその後、同じような詐欺っぽいことに3回もひっかかってしまって。

江原　えー。それはちょっと（笑）。

鈴木　その度に「ありがとう、ありがとう」と言って切り抜けてきたのですけれど。そういうおっちょこちょいなところがあって。でも正直で憎めない人です。

江原　私は「いつも男に騙《だま》されて」と訴える女性などに向けて、「学びが終わるまで何回も同じ目に遭いますよ」ってアドバイスします。騙すほうも悪いけど騙されるほうも悪いんだよと。でも逆説的にいえば、人生には落第はないんです。何度でも学びの機会を与えられ、理解すれば必ず進級できる。私はつくづく思うのです。神様って面倒見がいいよねって。

鈴木　ねぇ。何度でも追試をさせてくれるなんて、ありがたい。自分ばかりになぜ神様は意地悪をするのかと思うか、自分はよほど神様に愛されていると思うかで未来は違ってきます。それにしても「人生に落第はない」とは蓋《けだ》し名言ですね。

まだまだ全然どん底じゃない

江原　実際問題として、コロナによって食べていく道を閉ざされてしまった人が大勢います。これからも増え続けるでしょうし、誰にとっても他人事ではありません。その意味においては本当に悪夢としか言えないわけですが。経済的な問題にどう対峙していくことが望ましいとお考えですか？

鈴木　恥じることなく、助けを求めるべきだと思います。そして助けを求められたら、できる人は協力する。

江原　難しい時は手を上げて、さまざまな恩恵に与《あずか》ったほうがいいですね。そうして経営を立て直し、再び仕事が回るようになれば、税金を納めることで、世の中に還元すればよいのですから。

鈴木　他の人と比べて卑屈にならないことですよ。卑屈にならなければ何とかなるだろうと思います。だって戦争中、あんなに貧困のどん底にいた人たちだって生き延びたのですからね。

江原　確かに。

鈴木　だから人間、どん底になっても大丈夫なんですよ。むしろその時こそ自分の力を発揮する時だから、「ああ、こんなチャンスに恵まれて」と思って。今までどおりの生活をしようと思わなければいいのではありませんか？　簡単に言わないで欲しいという声が聞こえて来そうですが、ハッキリ言って今までの生活が恵まれすぎていたのではないですか？

江原　私はこの世で人が生きていくために必要なのは衣食住プラス医療だと思っています。それは周知のことで、自粛の目的は医療崩壊を防ぐことにあったわけですよね。

鈴木　そうですね。

江原　あとは衣食住ですが、おおよその日本人は十分に足りているんですよ。衣類なんてクローゼットに入りきらないくらい持ってます。

鈴木　モノにしてもね。本やビデオがいっぱいで。

江原　この家は誰が住んでるの？　モノが住んでるんですか？　って。「うちみたいな、狭い家」って言うけれど、荷物を片付けたら結構広いんですよ。

鈴木　私たちの住まいなんてスッキリしていますよ。私財を持ちませんので。けれどそのほうが幸せです。だってお金を持っていなければ、お金がなくなる心配がないんですもの。持ち物も最小限度ですから、住居を移ってくださいと言われても慌てません。30分もあれば荷造りができてしまうのですから。モノがなくても生きていけることは立証済みです。

今の子どもの教育はおかしい

江原　私に関して言えばですね、外食をしないと、こんなにお金がかからないんだと自粛中に思いました。今、熱海に暮らしているのですが、ご近所さんがお野菜をくださったり、朝に摘んだ山菜を届けてくださったり、私の家でも筍《たけのこ》が採れましたしね。食べ物は買うものという思い込みがありましたが、天の恵みなのだなと気づいたのです。

鈴木　健康的な食生活をしているから、そんなにお顔が艶々《つやつや》しているのですねえ。

江原　ワハハ。でも本当に体調がよくて。

鈴木　熱海にいる知人が今年の筍は美味しかったと言っていました。

江原　はい。私もパンダじゃないかっていうぐらい食べました（笑）。

鈴木　アハハハ。

江原　そう考えるとね、生きていくのにお金はかからないというか、お金がなくても生きていけるんだなと。

鈴木　ねぇ。子どもの教育費が大変だというけれど、そうですか？

江原　いろいろと習い事をさせたり、塾に行かせたり、私立の学校に入れたり、留学させたりと、お金をかけようと思ったら際限がないのですが、プラスアルファを削ればそんなにお金が必要かなと。それでいて、お金をかけて塾に行かせることにどれだけの意味があるのかなと思いますし。勉強のできる子は塾に行かせなくてもできますよ。

鈴木　親が「勉強しなさい！」と言わなくても自主的にやりますしね。勉強に限らず、親が「あれしろ、これしろ」とか「こうでなければ」とか「こうあるべきだ」って言うのをやめて、子どもを解放したほうが子どもの個性が伸びるし、さまざまな才能が発揮できるんですよ。ですから、どれだけ本末転倒な教育をしているか。

江原 子どもの教育についても一度、原点に戻すタイミングが来たと言えそうですね。

鈴木 「こうでなきゃならない」という思い込みを手放すことから始めて、あとは「うちはうちなんだ」と世間体を気にしないことです。

江原 あとはコミュニケーション力で乗り切ると。私は思うんですよ、出会いに感謝して、人を大切にする人に貧困はないって。だって極端な話、常日頃から礼を尽くし、心を尽くして人づき合いをしていたら、よっぽど大変な時には、みんな一食分のお米くらいくれますよ。

鈴木 そうですね。

江原 それを「ありがとう、ありがとう」っていただいたら、食べられるんですよ。だから感謝のある人には貧困はないと思うんです。

もっと図太くならないと

鈴木　日本人はもっと図太くならないと。といってデリカシーに欠けるのはよくないけれど、ここもバランスですよね。

江原　ねぇ。シスターと対談しているうちに、これからの日本人のテーマは「バランスを保つ」と「聖なるあきらめ」だということがわかってきましたけれど。私は日本人のコンプレックスに塗れたネガティブ思考が、人間らしい暮らしから遠ざかってしまった要因かなと思うのです。

鈴木　そうですよね。人間は一人ひとり違って当たり前、各々が尊い存在であるという軸がないと、子育てにしても、暮らし方にしても、ひいては生き方までもが歪《ゆが》んでいく気がします。自分は人とは違うけど、こういうことができる。オーバーに言えば、こういうことで人類に貢献できると自信を持つことが大切。それは小さなことでもいいのです。みんなが横並びの文化から抜け出す時期が来たのではないでしょうか。

江原 個性も天からの授かりものです。昔の人は子どもも授かりものだと言っていたわけで、下手に操作しないのが望ましいですね。

鈴木 支配することで安心を得ようとするのは人間の浅知恵。人生の流れはもちろんのこと、人の心も変えることはできません。反発心を煽るだけです。

生きているだけで奇跡なんだから

江原 さまざまなことについてお話ししてきました。「これからを強く生きていくためにどうしたらいいのか、できるだけ具体的に話しましょう」と目標を掲げて始めた対談ですが、不幸な出来事をバネに生きていくためのヒントは示せたのではないかと思います。

鈴木 これは東日本大震災の後に被災地を訪れた時に知り合った女性の話です。その方は2011年の2月に夫を交通事故で亡くし、同じ年の3月に津波の被害によって一人息子を失いました。悲しみの深さは計り知れません。私は為《な》す術《すべ》もなく、傍らに立ち尽くしていることしかできませんでした。ところがそんな私に彼女は「夫と出会えてよかった」「息子と9年間一緒に過ごせて幸せだった」と語り始めたのです。幸せな記憶が生きる支えになっていると。

江原 なんて強い人なのでしょう。

鈴木 私、思わず訊ねてしまいました。「なぜ、そんな風にポジティブに考えることができるのですか?」って。すると彼女はこう答えてくれたのです。「もちろん悲しいです。でも夫と息子を相次いで亡くしたという事実は、どんなに泣いても消えません。それでも私はこれからも生きていかなくてはいけない。そう考えた時、良い記憶だけを大切に抱えて生きてみよう、それを心のよりどころとすれば生きていけるかもしれないと思ったのです」と。どんなに深い苦しみの中でも、その中に幸せの種をみつけようとする発想さえあれば、前へ進んでいくことができる。これこそが奇跡であると私は思うのです。

江原　みんな奇跡が起こらないかなと願うけれど、本当は日常の中に鏤《ちりば》められているのですよね。誰かと出会うのも奇跡、食べていけるのも奇跡、なにより生きていること自体が奇跡なのですから。

鈴木　そうなんです。このことに気づけば感謝も湧くし。感謝があれば幸せになっていくじゃありませんか。

江原　この対談のテーマは「災い転じて福となす」ということに終始していたように思います。つまりこれが天からのメッセージなのかなと。

鈴木　そうですね。この本が皆様へのエールになるよう、お祈りしています。

［著者紹介］

江原啓之

えはら・ひろゆき

スピリチュアリスト、オペラ歌手。一般財団法人日本スピリチュアリズム協会代表理事。1989年にスピリチュアリズム研究所を設立。主な著書に『幸運を引きよせるスピリチュアル・ブック』(三笠書房)、『予言』『守護霊』『聖なるみちびき』(共に講談社)、『あなたの呪縛を解く 霊的儀礼』『災いから身を守る 霊的秘儀』(共に講談社ビーシー／講談社)、『幸せに生きるひとりの法則』(幻冬舎)、『あなたが輝くオーラ旅 33の法則』(小学館)などがある。

鈴木秀子

すずき・ひでこ

聖心会シスター。東京大学大学院人文科学研究科博士課程修了。文学博士。フランス、イタリアに留学。スタンフォード大学で教鞭をとる。聖心女子大学教授(日本近代文学)を経て、国際コミュニオン学会名誉会長。聖心女子大学キリスト教文化研究所研究員・聖心会会員。主な著書に『９つの性格 エニアグラムで見つかる「本当の自分」と最良の人間関係』(PHP研究所)、『あなたは、あなたのままでいてください。』『あきらめよう、あきらめよう』(共にアスコム)、『今、目の前のことに心を込めなさい』(海竜社)などがある。

［取材・構成］
丸山あかね

［共同編集］
桜井美和

［ブックデザイン］
竹内雄二

日本人《にほんじん》の希望《きぼう》

2020年9月28日　第1刷発行

著者
江原啓之《えはらひろゆき》　鈴木秀子《すずきひでこ》

発行者
渡瀬昌彦

発行所
株式会社 講談社
〒112-8001 東京都文京区音羽2-12-21
電話　03-5395-3522（編集）
03-5395-4415（販売）
03-5395-3615（業務）
印刷所
株式会社新藤慶昌堂

製本所
株式会社国宝社

ISBN978-4-06-521362-9